# Ismael Leandry-Vega

I0462214

# El derecho al voto en tiempos de Donald Trump

**Editorial Espacio Creativo**
Charleston, SC

Publisher: Editorial Espacio Creativo
Charleston, SC
ISBN-13: 978-1540406187  ISBN-10: 1540406180

Imagen en la portada: By DonkeyHotey (Donald Trump - Riding the Wrecking Ball) [CC BY-SA 2.0 (http://creativecommons.org/licenses/by-sa/2.0)], via Wikimedia Commons

## Datos para catalogación:

Ismael Leandry-Vega. (2016).

## El derecho al voto en tiempos de Donald Trump

Charleston, SC: Editorial Espacio Creativo

- ☞ Casta política
- ☞ Ciencia Política
- ☞ Democracia
- ☞ Derecho al voto
- ☞ Derecho Constitucional
- ☞ Elecciones
- ☞ Filosofía Política
- ☞ Partidos políticos
- ☞ Plutocracia
- ☞ Política

# Tabla de contenido

# Capítulo uno
# Castas, partidos políticos y el derecho al voto

§1

A estas alturas de la historia todo el mundo debería tener claro que el verdadero poder, en las supuestas democracias, está en manos de los amos de la humanidad. Y los amos de la humanidad, hoy día, son los «conglomerados de empresas multinacionales, las grandes instituciones financieras, los imperios comerciales y similares.»[i]

También debería estar claro el hecho de que el verdadero poder, desea que existan partidos políticos. De hecho, el poder desea que los ciudadanos:(a) se inscriban en partidos políticos; (b) participen en actividades políticas; (c) critiquen a los miembros de los partidos contrarios; y (d) se acaloren discutiendo asuntos relacionados con la política partidista.

¿Y por qué el poder desea todo lo antes mencionado? El poder desea lo antes mencionado ya que los juegos partidistas, además de que permiten que las masas crean que son importantes en los juegos de poder que se suscitan entre multimillonarios y/o millonarios, mantienen divididos a los explotables esclavos que se creen libres. Y mientras los utilizables y explotables ciudadanos de a pie estén divididos, entretenidos, peleando entre sí y creyendo que sus opiniones son tomadas en cuenta a la hora de seleccionar a los políticos más importantes, los miembros del poder:(1) pueden ganar más billetes; y (2) pueden gobernar con facilidad."

## §2

En los países supuestamente democráticos, el derecho al voto de los ciudadanos enfrenta graves problemas desde el principio. Los partidos políticos, en los mencionados países, se han convertido en unos clubes cerrados bajo el control de unas poderosas y mafiosas castas políticas.

Esas poderosas y mafiosas castas políticas hacen todo lo que esté en sus manos para que las personas decentes y honestas que no desean saber del clientelismo, del amiguismo, de la partidocracia, de la demagogia y del control de las castas, no puedan participar en las primarias."

Debido a eso, las personas que viven en países en los que se juega a la democracia tienen que seleccionar, durante las primarias, entre candidatos que, por encima del pueblo, les juren lealtad a los mafiosos y vividores que tienen el control de los partidos políticos. Y durante las elecciones generales, después de que se aplican los filtros partidistas, ocurre lo mismo.

En fin, en los países supuestamente democráticos el derecho que tiene el explotable pueblo para seleccionar candidatos es mínimo. Recuerde que, sin contar las excepciones, los partidos políticos tradicionales tienen gran control sobre los procesos que se utilizan para participar en primarias y en elecciones generales.

Y no olvide que los políticos de carrera y vividores, por lo regular, suelen apoyar a otros políticos de carrera y vividores. Debido a eso es muy difícil que una persona común, corriente y extraña a los círculos de poder del partido político, aunque tenga buenas intenciones, pueda participar y ganar en los eventos relacionados con las primarias.

De hecho, los políticos de carrera no ven con buenos ojos que personas extrañas a sus respectivos partidos políticos quieran participar, bajo las insignias de sus respectivas familias mafiosas llamadas partidos políticos, en los eventos electorales. Para esos políticos, que están acostumbrados a los negocios turbios, dichas personas son unos extraños que no han demostrado que son confiables.

Y tenga en cuenta que cuando digo que piensan que no son confiables, me refiero al hecho de que sospechan que esas personas no se prestarán para, como hacen los políticos tradicionales que viven de la política: (a) vender puestos gubernamentales; (b) obedecer ciegamente los deseos de los miembros de las castas; y (c) torpedear toda acción buena y necesaria que haya realizado un político de un partido contrario.

En fin, nunca olvide que el derecho que tiene el pueblo para seleccionar candidatos está secuestrado por las maquinarias de los partidos políticos. Y tampoco olvide que los partidos políticos, especialmente los tradicionales, «llevan tanto tiempo convertidos en clubes cerrados para beneficio de los políticos que parecen haber olvidado su función.»[iv]

## §3

Usted, si es que tiene un buen pensamiento crítico, no se debe entusiasmar demasiado con el hecho de pertenecer a un partido político. El partido político, a menos que usted sea miembro de la casta o a menos que usted haya obtenido beneficios (como, por ejemplo, un empleo gubernamental o un jugoso contrato gubernamental) por medio de un partido político, no está interesado ni en usted ni en mí.

Lo único que quiere un partido político, especialmente sus líderes y fundamentalmente los ladrones de cuello blanco que compiten en las elecciones, es que usted se persone a las casetas de votación el día de la elección y, como un obediente ternero, vote ciegamente por los candidatos del partido.

Los miembros del partido político que compiten en las elecciones desean eso ya que, por medio del voto, pueden obtener las llaves de las bóvedas gubernamentales. Y al obtener las llaves de las bóvedas, después de pagarle al poder financiero, algunos miembros del partido (y los miembros de la casta) pueden enriquecerse por medio de los impuestos, de las multas y de los servicios que pagan los explotables ciudadanos.

Si usted cree que los partidos políticos están interesados en el mejor bienestar del pueblo, o en el suyo, lamento tener que decirle que se equivoca. Los partidos políticos, desde hace bastante tiempo ya, se han convertido en unas familias mafiosas que buscan, por encima del mejor bienestar del pueblo, «viabilizar la comodidad y prosperidad de quienes asumen el poder [político] y sus más íntimos colaboradores.»ᵛ

## §4

Las grandes y ricas corporaciones, principalmente las financieras, son las que «manejan los hilos del mundo.»[vi] Por eso es correcto decir que las grandes y ricas corporaciones, especialmente las financieras, se han convertido en «los amos de la humanidad.»[vii]

Debido a eso, participar en eventos electorales para seleccionar senadores, representantes, gobernadores, presidentes o primeros ministros, aunque es un necesario y sano entretenimiento, es una gran pérdida de tiempo.

Y si a lo dicho se le suma el hecho de que las castas políticas, después de cumplir con los planes de las poderosas, ricas e internacionales empresas financieras, se quedan con una buena parte de los billetes gubernamentales por medio de contratos gubernamentales, se verá con claridad que lo arriba escrito es cierto.

## §5

La política, además de que se ha convertido en una gran fuente de entretenimiento, únicamente sirve para enriquecer a unos pocos. Por lo regular, en los países en los que se juega a la democracia por medio de unas mafias legalizadas llamadas los partidos políticos, uno puede ver que la política partidista termina beneficiando a unas mismas familias. Esas familias, que suelen estar divididas en bandos –al igual que las familias de la mafia–, son las famosas castas políticas.

Esas castas políticas, al igual que las familias de la mafia, ganan enormes sumas de dinero por medio del Gobierno. De hecho, los miembros de las castas utilizan el Gobierno para enriquecerse por medio de contratos, donativos y puestos gubernamentales. Además, es común que los miembros de las castas utilicen sus empresas privadas para, indirectamente, sacar dinero de las cajas gubernamentales.[viii]

## §6

En los países en los que se juega a la democracia, la gran mayoría de los ciudadanos está constituida por individuos que piensan que el derecho al voto es, además de un derecho, un asunto extraordinario. Sin embargo, el derecho al voto en los mencionados países es una gran porquería.

En primer lugar, los votos de los ciudadanos no pueden cambiar el hecho de que las castas políticas son permanentes. Y no se puede olvidar que el voto de la masa tampoco puede cambiar esa dura realidad que nos demuestra que el poder financiero es, indiscutiblemente, el gran soberano.

Es por eso que, en los países en los que hay partidos políticos para que la población se divida, «una victoria en votos no asegura un proyecto de cambio profundo ni radical que ponga en cuestión el poder hegemónico de la clase dominante.»[ix]

## §7

Dicen los cándidos que las elecciones, en los países en lo que se juega a la democracia endeudada y capitalista, «son uno de los pilares fundamentales de la democracia y, aunque hay diferencias en la forma como los países las llevan a cabo, son el mecanismo más común para la transferencia de poder.»[x]

Ahora bien, lo que olvidan los cándidos es, en primer lugar, que nunca ha existido una democracia. También olvidan que en los países en los que periódicamente se celebran elecciones, no hay tal cosa llamada transferencia de poder. El poder, en todo país, es permanente y no se puede cambiar. Y ese permanente poder, nos guste o no, está en manos de una poderosa élite que siempre está compuesta por capitalistas inmensamente ricos que tienen millones de billetes y medios de comunicación para imponer sus deseos y sus planes.

Lo único que cambia con las elecciones, son las caras de los políticos. Además, con las elecciones también cambia la composición de la casta política que, gracias a la democracia y al derecho al voto, se encargará de repartir contratos y puestos gubernamentales entre los titulados más mediocres y listos del país.

## §8

Al analizar asuntos que estén relacionados con la política partidista, al igual que todo tema, nunca debemos «confundir los deseos con la realidad.»« Si evitamos confundir los deseos con la realidad nos daremos cuenta de que la política partidista, aunque necesaria, es una asquerosidad.

Así, por ejemplo, aunque tengamos el deseo de que los políticos electos se preocupen por el mejor bienestar de la gente, especialmente de la gente más necesitada, nos daremos cuenta de que los políticos primeramente se preocupan por el mejor bienestar de sus panzas, de sus partes sexuales y de sus cuentas de banco. También nos daremos cuenta de que en segundo, tercer y cuarto lugar, los políticos están sumamente interesados en el mejor bienestar de sus acólitos, amigos, familiares y amantes.

A lo arriba escrito se le suma el hecho de que, al evitar confundir los deseos con la realidad, también podremos darnos cuenta de que los partidos tradicionales y poderosos no son más que unas poderosas familias mafiosas que, legal, ilegal e inmoralmente, trafican con empleos y con contratos gubernamentales pensando en el mejor bienestar de las castas políticas y de los altos miembros de sus partidos.

## §9

La política, cuando uno toma distancia y la mira con perspectiva, no es más que la legalización de la mafia. Voy a examinar esto un poco más de cerca.

Como se sabe, la política es «el proceso por el cual un grupo selecciona a sus líderes, determina sus políticas y distribuye las ventajas y desventajas.»[xii] Ahora bien, esa distribución de las ventajas y de las ventajas está en manos de los políticos que ganan las elecciones. Como esos políticos pertenecen a unos partidos políticos que tienen castas políticas, eso significa que una significativa porción de las ventajas les serán indebidamente otorgadas (y en ocasiones hasta ilegalmente) a los miembros de las castas políticas y a los amigos del alma de los miembros de las castas. Además, muchas otras ventajas les serán dadas a los amigos del alma de los políticos ganadores.[xiii]

Es por eso que, mientras el ser humano masificado y embrutecido alegremente vota por sus políticos favoritos con la esperanza de que todo cambie para bien, los miembros de la casta favorecida ignoran a los votantes y, como familias mafiosas, obtienen beneficios y venden beneficios protegidos por el Gobierno.

## §10

En las plutocracias altamente desarrolladas, como Estados Unidos de América, Francia y el Reino Unido, los partidos políticos tradicionales no están interesados en presentar candidatos con la finalidad de que, una vez obtenidas las sillas gubernamentales más importantes, representen al pueblo.  En esos países, al igual que en muchas otras supuestas democracias que hay por doquier, los partidos políticos tradicionales tienen la tarea de buscar y seleccionar a los ñames con corbatas o con faldas que, una vez ganados los eventos electorales, defenderán los intereses de las multinacionales y del poder financiero.

No olvide que los países, incluso los países que tienen bombas nucleares, están bajo el control de un poder financiero: (1) que administra los billetes de los grandes capitalistas; y (2) que asesora a los grandes capitalistas.[xiv]

Debido a esa dura realidad se puede decir que en los mencionados países, las elecciones para seleccionar a los máximos representantes del pueblo (presidentes, primeros ministros y legisladores) son una gran estafa. De hecho, los eventos electorales para seleccionar a las mencionadas personas no son más que concursos de popularidad y de elegancia para saber quiénes serán los intermediaros entre el gran poder económico y el explotable pueblo. Y tenga en cuenta que el poder para determinar quiénes serán los intermediarios más poderosos, nos guste o no, siempre está en manos de los millonarios y multimillonarios del gran poder económico.

En fin, usted siempre debe tener en mente, especialmente si vive en una poderosa plutocracia desarrollada, que «bajo el barniz democrático puede instalarse una forma de autocracia.»[xv] Y en los tiempos que corren, en los que el «capitalismo financiero no tiene fronteras»,[xvi] los partidos políticos no representan nada ya que bajo el barniz democrático de los indicados países se ha instalado, como dije antes, el gran poder económico.

Es por eso que si tuviéramos los pies sobre la tierra –y si dejáramos las ilusiones, el pensamiento mágico y el lenguaje políticamente correcto–, reconoceríamos que nos han convertido en siervos de los gerifaltes del poder económico.

También evitaríamos perder el tiempo en actividades partidistas y, sobre todo, en elecciones para seleccionar políticos que desean convertirse en mantenidos. De hecho, si fuéramos realistas tendríamos «carteles electorales en las calles que digan: Vote a Goldman Sachs, ¡elimine al intermediario!»[xvii] Y si no nos gusta Goldman Sachs, podríamos hacer carteles electorales que digan: Vote a J.P. Morgan Chase. También podríamos hacer carteles que digan: Vote a Banco Mundial, ¡elimine al intermediario! ¿Y quién es el intermediario? El intermediario, bajo el barniz democrático, es la clase política.

## §11

En todo país supuestamente democrático, los principales partidos políticos hacen todo lo que sea necesario para que los deseos del pueblo no sean escuchados. De hecho, esos partidos políticos se especializan en convertir en leyes y en reglamentos los deseos de los inversionistas, especialmente los deseos de los inversionistas inmensamente ricos.

Es triste tener que reconocer que la política tradicional, ha sido secuestrada por los intereses económicos. Y más triste es observar que los votantes, a pesar de lo antes dicho y a pesar de que los partidos tradicionales tienen un extenso historial de actividades corruptas, siguen depositando sus esperanzas en candidatos que pertenecen a los partidos tradicionales.

En fin, los habitantes de las supuestas democracias deberían darse cuenta de que los partidos políticos tradicionales no suelen estar interesados en obtener el poder político para beneficiar a los ciudadanos. También deberían darse cuenta de que los partidos tradicionales, que necesitan «enormes recursos para su funcionamiento y son financiados básicamente por los grandes poderes económicos,»[xviii] no están interesados en los humildes ya que desean complacer a las clases privilegiadas que tienen los billetes y las propiedades.

Si los votantes tuvieran en consideración todo lo antes mencionado, quizá, dejarían de votar como borregos en beneficio de los partidos tradicionales y, como debe ser, seleccionarían a los candidatos altamente competentes, independientemente de sus respectivos partidos políticos.

## §12

Se supone que en una democracia, nunca exista confusión entre «partido y gobierno.»[xix] También se supone que el principio de mérito, en toda democracia, sea un asunto sagrado. Recuerde que el principio de mérito busca que los más aptos, no los amigos de la clase política, «ocupen los puestos en el Gobierno.»[xx]

Sin embargo, la realidad nos demuestra que en las supuestas democracias hay confusión entre partido político y Gobierno. Por eso es que, entre otros males, uno puede ver que el principio de mérito se tira a la basura en aras de beneficiar a los amigos del partido político.

Además, cuando hay confusión entre Gobierno y partido político es normal que los hijos de los «políticos», aunque tengan problemas de salud mental, sean premiados con puestos gubernamentales.[xxi]

Y no se puede olvidar que también uno puede ver, cuando hay confusión entre partido político y Gobierno, que los puestos de jueces, fiscales, procuradores y profesores de instituciones gubernamentales de educación superior, salvo casos excepcionales, que siempre los hay, son llenados con marrulleros que están ligados al poder político del momento.

También uno puede ver, debido a la confusión entre partido y Gobierno, que muchos movimientos de personal gubernamental (empleados de carrera) están ligados a asuntos partidistas. Y eso es un asunto bien malo ya que la influencia partidista a la hora de otorgar ascensos, traslados y aumentos de sueldo en las agencias gubernamentales, termina convirtiéndose en «una herida *autoinfligida'* que reduce la eficiencia y la calidad en los servicios que se prestan a los ciudadanos.»[xxii]

¿Por qué la confusión entre partido y Gobierno reduce la eficiencia y la calidad en los servicios que se prestan a los ciudadanos? Porque los buenos empleados gubernamentales de carrera terminan pensando –y aplicándolo en el empleo– que no vale la pena esforzarse, ya que los premios laborales están basados en la injusticia y en el partidismo.

Además, los buenos empleados reducen su eficiencia y calidad ya que terminan laboralmente quemados debido a la sobrecarga de trabajo. Eso ocurre ya que los marrulleros que obtienen premios laborales gracias a la confusión entre Gobierno y partido político, saben que están protegidos y adoptan la vaguería laboral.

En fin, es triste tener que reconocer que el derecho al voto, en las democracias indirectas, siempre termina convirtiéndose en la base de la confusión entre partido político y Gobierno. Y esa confusión, que es deseada por votantes que han recibido o esperan recibir contratos, empleos, ascensos o traslados por medio de la influencia partidista, ha convertido el principio de mérito en un asunto en peligro de extinción.

Como resultado de eso vemos que los premios laborales dentro del sector gubernamental, salvo raras y dichosas excepciones, no se alcanzan «por la vía de pasos graduales y méritos propios, sino por el patrocinio y la recomendación que hacen los integrantes con mayor poder dentro de las élites políticas para promover el ascenso de los colaboradores o amigos más fieles.»[xxiii]

# Capítulo dos
# El derecho al voto es una autorización para saquear

## §13

Toda persona que toma la decisión de tratar de conseguir un puesto electivo, salvo las poquísimas excepciones, no tiene ningún interés en –pensando en el mejor bienestar del sufriente pueblo– servirle al pueblo. El interés de esa persona es: (a) enriquecerse por medio de la política; (b) obtener beneficios injustos por medio de la política; y (c) ayudar a sus amigos y familiares por medio de empleos y contratos gubernamentales.

## §14

Todo el mundo sabe, pero con mayor compresión los desempleados que tienen maestrías y doctorados, que «el clientelismo» y «el amiguismo» son acciones malas y dañinas.[xxiv] Sin embargo, una de las características más notables dentro de todo país democrático es: (a) la existencia del maldito amiguismo; y (b) la existencia del clientelismo.

Es por eso que el derecho al voto, dentro de todas las democracias de embuste que hay por doquier, termina convirtiéndose en una vía para

---

que muchos políticos electos –al igual que algunos de sus amigos y familiares– puedan conseguir muchos billetes (y mucho sexo) por medio del clientelismo, del amiguismo, del nepotismo y del poder político. Y sobre eso de conseguir mucho sexo recordemos que el bellaco y libidinoso Bill Clinton, durante su presidencia, utilizó a una joven pasante «como juguete sexual en la Oficina Oval.»[xxv]

## §15

Las dictaduras y las supuestas democracias tienen, sorprendentemente, algunos asuntos en común. En las dictaduras, como saben los historiadores, los billetes que los ciudadanos meten en las bóvedas gubernamentales por medio de impuestos, multas, sellos, confiscaciones, patadas, persecuciones, entre otras formas, son utilizados según los deseos del dictador. También es conocido el hecho de que los dictadores, aunque sea a patadas, les sacan los billetes a los ciudadanos: (a) para enriquecer a sus socios, hijos, amantes, acólitos, asesores y expertos en propaganda; y (b) para construir obras faraónicas e innecesarias.

En el caso de las supuestas democracias, en las que los ciudadanos tienen que trabajar duro para que los empleados del Ministerio de Hacienda les puedan pagar a los gerifaltes del poder financiero, los presidentes, primeros ministros, alcaldes y gobernadores, gracias a los votos de los ciudadanos, utilizan fondos públicos para, al igual que ocurre en las dictaduras, construir obras faraónicas e innecesarias. También utilizan muchos billetes públicos: (a) para enriquecer a sus socios, hijos, amantes, acólitos, asesores y expertos en propaganda; (b) para comprar porquerías; y (c) para construir porquerías.[xxvi]

Ahora bien, dentro de lo arriba discutido hay una gran diferencia. El dictador no tiene que brindar explicaciones cuando hace lo antes mencionado ya que, además de tener el poder para encarcelar, patear, matar y humillar, los billetes del pueblo son sus billetes. Mientras que en el caso de las imperfectas y plutocráticas democracias, en las que suelen haber unas castas políticas millonarias, los mencionados políticos tienen que buscar formas ingeniosas para poder hacer lo indicado.

Así, por ejemplo, si un alcalde quiere enriquecer a un hijo poco inteligente por medio de un puesto gubernamental que pague un alto salario, aunque existan leyes y reglamentos que prohíban el nepotismo, dicho alcalde habla con otro alcalde o con un jefe de una agencia del gobierno central para que, en violación a todos los códigos de decencia, su amado hijo obtenga el envidiable empleo.

Otro asunto que comparten las dictaduras y las democracias, es que tanto el dictador como el jefe del poder ejecutivo del país democrático tienen el poder para determinar quiénes se convertirán en millonarios por medio de los fondos públicos. En el caso de las dictaduras, el dictador utiliza sus dedos para señalar a los amigos, familiares y compadres que, por medio de contratos millonarios, se harán ricos.

En el caso de las democracias, es harto conocido que el derecho al voto permite que algunos amigos del gobernante seleccionado, por medio de subastas amañadas, mordidas e inversiones políticas, se conviertan en ricos de la noche a la mañana. Y eso no es raro ya que todo sistema de gobierno, aunque sea democrático, es un imperfecto sistema «basado en el clientelismo y la corrupción.»[xxvii]

La diferencia entre la dictadura y el sistema democrático es que el dictador no tiene que engañar al pueblo para seleccionar a los que, según sus deseos, se harán ricos. Puesto que el dictador, para decirlo claro, hace lo que le dé la gana. Mientras que en las maravillosas democracias que ponen en todo lo alto los intereses de los ciudadanos, los políticos seleccionados por medio del maravilloso derecho al voto engañan, mienten y manipulan para lograr que sus amigos del alma se hagan ricos.

En fin, usted siempre debe tener en cuenta que en los países supuestamente democráticos, el derecho al voto y los cambios de gobierno no pueden impedir (ni minimizar) los actos de corrupción.

No olvide que los políticos que, por medio del derecho al voto, obtienen las llaves de las bóvedas gubernamentales saben que «los mecanismos de adjudicación de contratos públicos mueven millones en comisiones mafiosas.»[xxviii] Y ellos harán todo lo que sea necesario para, por encima de la decencia y por encima del mejor bienestar del pueblo, obtener sus correspondientes comisiones mafiosas.

## §16

Nunca olvide, especialmente cuando esté analizando a los buscones que desean ocupar un puesto político, que «la palabra ha estado y sigue estando manipulada con propósitos comerciales o de engaño político.»[xxix] Y no puede olvidar eso ya que, si desea tratar de escoger a los mejores candidatos, los políticos son grandes maestros del engaño político. Por medio de palabras, ya sea en debates, discursos, anuncios o propaganda, el político engaña para que usted confíe, vote y, en nombre de la democracia, le otorgue su permiso (su voto) para utilizar el servicio público en su beneficio y en beneficio de sus acólitos, amantes, amigos, inversionistas, banqueros y capitalistas ricos y tacaños.

En fin, siempre recuerde que los políticos, especialmente los veteranos, debido a que son maestros del engaño político harán todo lo posible durante el periodo de campañas políticas para endulzarle el oído con embustes, patriotismos, sensiblerías y halagos. De hecho, los grandes maestros del engaño político harán todo lo posible, durante las campañas políticas, para alejarse de los trapos sucios de la realidad y para evitar todo análisis profundo.

Es por eso que los debates políticos, que son programas de entretenimiento, «no son debates porque los candidatos se quedan en lo llanito, en lo superficial, porque no pueden hacer más nada. Como saben que no pueden decir la verdad, se prestan para el *show*.»ˣˣˣ

## §17

Su derecho al voto, especialmente para seleccionar al mal llamado primer ejecutivo, no vale nada. En los países supuestamente democráticos, el derecho al voto no puede eliminar eso que se llama la casta política, usualmente dividida en dos o en tres bandos. Además, en el caso de que ocurra un cambio de partido político en el poder ejecutivo y en el poder legislativo, lo único que se hizo por medio del derecho al voto fue cambiar a unos pocos cuentistas que, por medio de las cajas gubernamentales, engordarán sus cuentas de banco.

Es por eso que, en la realidad monda y lironda, mientras usted cándidamente celebra la victoria de su partido político favorito, «la transición oficial entre el gobierno entrante y el saliente (...) se da tras bastidores, entre contratistas e inversionistas políticos que salen y entran de un partido y otro.»ˣˣˣⁱ

## §18

«Hay países donde [...] los contratos públicos a menudo los ganan los amigos.»ˣˣˣⁱⁱ Y todos esos países, en los tiempos que corren, son llamados democracias. Es por eso que en toda democracia, una vez el explotable pueblo deposita sus votos, la tercera tarea del presidente, del alcalde, del gobernador o del primer ministro, es hacer todo lo que sea necesario para que sus amigos, familiares, amantes e inversionistas, sin tener en cuenta los deseos de los votantes y sin tener en cuenta el principio de mérito, ganen contratos públicos por medio de subastas fatulas o por medio de contrataciones dudosas.

De hecho, esa es la principal razón por la que una persona desea ocupar el puesto gubernamental más alto dentro del poder ejecutivo o dentro del poder legislativo. Eso de que desea servirle al pueblo y eso de que desea ayudar al pueblo, no son más que unos embustes que se manifiestan para obtener, por medio de las llaves de las bóvedas gubernamentales, muchos billetes.

Recuerde que una vez se obtienen las llaves de las bóvedas gubernamentales por medio de los votos de los pendejos votantes, se sacan grandes cantidades de billetes para ayudar a las personas antes mencionadas y, sobre todo, para pagar las grandiosas francachelas.

Dicho eso, debe haber notado que dije líneas arriba que lo arriba discutido es la tercera tarea del gobernante, presidente, primer ministro o alcalde. Sostengo eso ya que la primera tarea de esos políticos, es hacer todo lo que sea necesario para que el gran poder financiero recupere sus inversiones. Y la segunda tarea de los indicados políticos, una vez los votantes juegan a la democracia durante los eventos electorales, es hacer todo lo necesario para que las castas políticas reciban sus billetes, beneficios y contratos.

# §19

El derecho al voto del pueblo es el principal vehículo por medio del cual unos ricos inversionistas, pensando en el mejor bienestar de sus cuentas de banco y de sus negocios, obtienen muchos billetes por medio del trabajo duro de los contribuyentes. Recuerde que en toda democracia capitalista, los eventos electorales son unos asuntos costosísimos. Es por eso que los candidatos, especialmente los que desean ocupar la principal silla del poder ejecutivo, necesitan conseguir donantes acaudalados que sufraguen sus campañas políticas.

El problema con eso es que, por encima del mejor bienestar del pueblo, una vez culminado el evento electoral aparecen los ricos donantes para, por medio de contratos millonarios y por medio de buenas posiciones dentro del Gobierno, «cobrar» el dinero invertido.[xxxiii]

---

Es por eso que, profundamente analizados, los votos de los ciudadanos terminan convirtiéndose en unos permisos que los explotados ciudadanos les brindan a ciertos inversionistas ricos para que, aunque la economía no esté saludable, ganen muchos billetes por medio de los impuestos, de las multas y de los cargos (luz, agua, teléfono, entre otros) por servicios básicos.

## §20

«Vivimos en todo momento esperando algo mejor que lo que tenemos...».[xxxiv] Debido a eso, votamos en los eventos electorales y, como bobos, esperamos que todo mejore para bien. Sin embargo, no pasa mucho tiempo y nos damos cuenta de que nuestro derecho al voto no logró cambiar nada. Tan pronto los políticos electos juramentan, se olvidan de sus promesas y comienzan con el clientelismo, con el amiguismo, con las francachelas y, sobre todo, con la repartición de billetes y puestos gubernamentales (incluyendo puestos judiciales) en beneficio de donantes, recaudadores y amigos del alma.

Es por eso que el individuo bien dotado intelectualmente, no deposita esperanza alguna en su derecho al voto. Y si es una mente extremadamente superior, evitar participar en los eventos electorales para seleccionar a los vividores de la política. De hecho, la mente extremadamente superior sabe que el derecho al voto es una porquería ya que: (1) el verdadero poder no está en manos de los políticos; y (2) «los políticos no resuelven nada...».[xxxv]

## §21

En todo país democrático, al igual que en una dictadura, el Gobierno tira a la basura millones de dólares en contratos innecesarios en beneficio de putas, ladrones, maquillistas, familiares, amigos, relacionistas públicos, compadres, políticos derrotados, recaudadores y expertos en propaganda o lavado de cerebro.

A eso se le suma el hecho de que en todo país democrático, al igual que en toda dictadura, el interés de los monos humanos que están en la cabina de mando es enriquecerse por medio del saqueo de las bóvedas gubernamentales.

Y no puede olvidar el hecho de que en toda democracia, al igual que en una dictadura, los monos humanos que están en la cabina de mando piensan que los habitantes del país no son más que unos aprovechables siervos que, por medio de sus empleos, tienen la tarea de –por medio de juegos, multas, impuestos y donaciones– llenar las cajas gubernamentales para que algunos incompetentes jueguen a los tipos inteligentes y, como secuela de eso, tomen unas desacertadas y dañinas decisiones que, como suele ocurrir, afectarán al explotable pueblo.

## §22

En las maravillosas democracias, toda persona que gane un evento electoral para ocupar la silla más importe del poder ejecutivo o del poder legislativo es, indudablemente, un gran deudor. Esa persona, para poder ocupar su silla política recibió asistencia por parte de artistas, inversionistas, publicistas, comentaristas radiales, comerciantes, periodistas y medios de comunicación.

Debido a eso, las personas que ayudaron al político no pierden el tiempo y, antes de que se pongan en marcha algunos asuntos en beneficio del pueblo, se presentan a la oficina del indicado político con la finalidad de obtener, aunque sea por medio de actos dudosos, beneficios. Es decir, cuando hay un cambio de gobierno los nuevos políticos están obligados a saldar sus deudas. Es por eso que, si usted mira con detenimiento podrá notar que en la alta esfera de todo nuevo gobierno hay una «cadena de favores y de miedos. Un mercado de trueques y aprietes entre caudillos a escala nacional.»[xxxvi]

# Capítulo tres
# El derecho al voto y los capitalistas inmensamente ricos

## §23

Dicen los majaderos, especialmente los educados, que en todo país el poder está en manos del chismoso, violento, materialista y egoísta pueblo. Sin embargo, eso siempre ha sido falso. Recuerde que los mejores libros de historia y los mejores libros de ciencia política nos enseñan que el poder, en el pasado, estaba en manos de individuos que contaban «con los instrumentos necesarios para intervenir e influir en la vida de los otros, y en nuestro tiempo ese instrumento determinante no es otro que el dinero.» [xxxvii]

Y debido al hecho de que el dinero es la fuente del poder, especialmente en las supuestas democracias, estamos viviendo en una época en la que el gran poder financiero, que aglutina a los capitalistas de la industria y a los capitalistas del comercio, es el que verdaderamente tiene el poder. Es por eso que en todas las supuestas democracias, sin importar la forma en la que voten los ciudadanos, el poder político «es un rehén del poder financiero o está conchabado con él.» [xxxviii]

*Ismael Leandry-Vega*

## §24

En los países capitalistas y desarrollados en los que se celebran elecciones, los políticos no tienen que trabajar muy duro para ganarse sus inmerecidos salarios. En esos países, los empleados públicos (policías, médicos, maestros, oficinistas, barrenderos, enfermeras, entre otros) saben el trabajo que tienen que realizar, por lo que no es muy importante quién sea el gobernante. Y no se puede pasar por alto el hecho de que los asuntos económicos de alta importancia, son unos asuntos que no suelen estar en manos de los políticos de bajo nivel.

Los asuntos económicos de alto nivel están, por encima del derecho al voto y por encima de todas las babosadas que se digan y que se escriban sobre la maravillosa democracia, en manos de una pequeña y poderosa élite. De hecho, la economía mundial, la distribución de los alimentos y la distribución de las medicinas son unos asuntos que están ordenados y controlados por «gigantescas corporaciones, incluyendo bancos y firmas financieras...».[xxxix]

Es por eso que en los países capitalistas y plutocráticos en los que se juega a la democracia, el trabajo de los políticos es hacer todo lo que sea necesario para que el poder financiero obtenga sus ganancias económicas. De hecho, la única creatividad que debe tener el político es la creatividad de crear impuestos, juegos y multas para legalmente quitarle el dinero al explotable pueblo que, a pesar de que vive con estrés, preocupaciones y falta de tiempo, se cree libre y soberano.

La segunda tarea que tienen los políticos en los mencionados países, es hacer todo lo que sea necesario para que los capitalistas ricos y poderosos puedan hacer negocios. Y en tercer lugar, los políticos tienen que ñangotarse ante los capitalistas inmensamente ricos y ante los gerifaltes del poder financiero. Después de esas ineludibles tareas, el político puede dedicarse a los asuntos que, directamente, afecten al utilizable pueblo.

## §25

No quiero ser aguafiestas, pero creer que el gobernante (gobernador, presidente o primer ministro) es el primer ejecutivo del país es, aunque bonito, un embuste. En todo país, el primer ejecutivo es una gran mesa que está compuesta por altos ejecutivos del imparable poder financiero. Debido a eso, «el poder económico-financiero de carácter transnacional tiende a predominar sobre la política.»[xi]

Es por eso que usted no se debe entusiasmar demasiado con los asuntos políticos, especialmente con las elecciones. No olvide que, sin importar el nombre del gobernante y sin importar partidos políticos, todo gobierno está obligado a obedecer a los gerifaltes del gran poder financiero. De lo contrario las consecuencias podrían ser, como saben los hermanos de Argentina, Grecia y Puerto Rico, duras.

## §26

Aunque usted, durante las elecciones, escoja políticos izquierdosos, vivarachos, gritones y barbudos, o parecidos a Donald Trump, el poder siempre impondrá sus deseos y planes. Para empezar, todo ser humano tiene su precio y el poder tiene millones de billetes para comprar políticos, periodistas, jueces, blogueros y escritores.

En segundo lugar, el poder tiene millones de billetes para llenar las oficinas del poder legislativo, las oficinas del poder ejecutivo y las oficinas de los medios de comunicación con cabilderos que, haciendo todo lo que sea necesario, promoverán y defenderán los intereses del poder.

Es por eso que en las maravillosas democracias controladas por el poder financiero, «los intereses de poderosos *lobbies* o grupos de presión (...) dificultan los cambios.»[xii] Principalmente los cambios que, buscando beneficiar a las masas, busquen severamente perjudicar los intereses de los capitalistas inmensamente ricos.

## §27

Eso de que el pueblo, por medio del voto y debido a la teoría del contrato social, es el que manda, es un asunto que, además de ser una paparrucha, es parte del pensamiento mágico. Recuerde que el pensamiento mágico, en apretada síntesis, «hace referencia a una forma de pensar que se basa en la imaginación, las tradiciones, las emociones o la fe, lo que hace que sus expresiones carezcan de una argumentación lógica.»[xlii]

De ahí, estimado lector, sale mi tesis de que las supuestas maravillas del derecho al voto son unas porquerías que pertenecen al pensamiento mágico. Una cosa es creer, debido a las tradiciones, a las emociones y a las creencias, que el derecho al voto es una maravilla que –además de permitir que los países estén bien gobernados– permite que la voluntad del pueblo se imponga, y otra cosa es esa dura realidad que nos demuestra que, sin importar los resultados electorales y sin importar las creencias populares, vivimos en un pequeño e insignificante planeta en el que los que mandan son los capitalistas inmensamente ricos, las grandes instituciones financieras locales y, como demuestran sus enormes y lustrosos edificios, las grandes e internacionales «corporaciones financieras.»[xliii]

## §28

No quiero ser aguafiestas, pero creer que su derecho al voto vale algo es parte del pensamiento mágico. Recuerde, particularmente cuando le invada la creencia de que su voto es importante en su maravillosa democracia, que no importa la forma en la que usted vote en una elección general. La realidad enseña que los políticos elegidos, una vez sean juramentados, les responderán a los capitalistas ricos y poderosos. No olvide que en las democracias, sin excepciones, «el poder está en manos de la facción plutocrática...».[xliv]

## §29

Los capitalistas inmensamente ricos, y no los ciudadanos de a pie, son los que verdaderamente gobiernan este mundo. Además, de esos capitalistas, los inmensamente ricos del gran poder financiero se han convertido en un gran poder central y globalizado.

Es por eso que todas las personas que creen y dicen que el pueblo es el soberano, al igual que las personas que dicen que en la supuestas democracias se respetan y se canalizan los deseos de las masas, no saben lo que dicen.

Esas personas están tan embrutecidas que no se dan cuenta de que, detrás de las cortinas, hay una cruda verdad que demuestra que «quien controla la alimentación controla a la gente, quien controla la energía controla naciones y continentes y quien controla el dinero controla el mundo.»[xiv] Y actualmente, por encima del derecho al voto y por encima de los deseos de las masas, es el gran poder financiero el que, por controlar el dinero y por asesorar a los capitalistas que controlan la alimentación y las fuentes de energía, controla el mundo.

## §30

En los países en los que existe el derecho al voto, los multimillonarios y los millonarios suelen estar divididos en dos o tres bandos. Debido a eso, esos bandos de multimillonarios y millonarios suelen invertir muchísimos billetes (millones de dólares) en sus candidatos favoritos durante las campañas políticas.

Esos individuos inmensamente ricos hacen eso ya que, cuando ganan sus candidatos favoritos (tanto en el poder ejecutivo como en el poder legislativo), logran tener mucho poder sobre la persona que ocupe la principal silla del poder ejecutivo y, además, sobre los legisladores apoyados.

Y no se puede olvidar que los mencionados potentados, de ganar sus candidatos, suelen recuperar sus inversiones y suelen obtener jugosas ganancias económicas por medio de contratos, legislaciones, reglamentos, órdenes ejecutivas y políticas públicas.

Ahora bien, lo más extraordinario de lo que estoy discutiendo es que en todo país dizque democrático, debido a los millones de billetes que invierten los individuos inmensamente ricos, el derecho al voto de la masa termina convirtiéndose en una grotesca burla.

Esto se debe al hecho de que todo Gobierno, de derecha, de izquierda o de tipos parecidos a Donald Trump, trabaja para proteger y mimar a los potentados y a los ricos. O, por decirlo de otra manera, todo Gobierno trabaja en beneficio de los potentados, en beneficio de los ricos y, sobre todo, pensando en el mejor bienestar de los potentados y de los ricos.

En fin, el derecho al voto es una grotesca burla que, aunque sirve para cambiar las caras de los políticos, no puede evitar que los ricos sean la clase dominante y la clase protegida.

Además, salvo las siempre excesivamente publicadas excepciones, el derecho al voto no le suele brindar ninguna mejoría considerable a la mayoría de los miembros de las clases explotadas y desechables.

Es por eso que, por ejemplo, el derecho al voto no le ha funcionado a los millones de estadounidenses pobres y explotados que, desde hace bastante tiempo ya, «trabajan demasiado duro en pos de una promesa que no se cumple.»[xlvi]

## §31

Todos los libros oficiales que hablan sobre política, están llenos de embustes y están llenos de verdades a medias. Así, por ejemplo, en muchos libros oficiales de ciencia política se dice que los gobernantes y sus acólitos tienen que «gobernar a favor de la gente y de la tierra.»[xlvii] Ahora bien, eso es una media verdad. Digo eso ya que en todos los países, sin excepciones, los gobernantes gobiernan para beneficiar y proteger a la gente inmensamente rica que tiene el control de los comercios, de los bancos, de la tierra y de las máquinas que producen los bienes muebles que necesitan y que desean las personas.

De hecho, los gobernantes tienen a la gente común y corriente en el penúltimo lugar de sus prioridades. Y escribí en penúltimo lugar, ya que el último lugar siempre es ocupado por los pobres y por los inmensamente pobres. Por eso uno puede ver que los políticos (especialmente los políticos de carrera), en los países supuestamente democráticos, se acuerdan de los pobres cuando «necesitan un voto para continuar con sus privilegios...».[xlviii]

Es por eso que un buen libro de ciencia política claramente le deja saber al lector que los gobernantes, especialmente en las plutocracias desarrolladas o democracias *light*, gobiernan para ayudar, proteger y beneficiar a los ricos y a los dueños de la tierra. Y buen libro de ciencia política también le deja saber al lector que los gobiernos del mundo, aunque digan que son democráticos, «...no son más que los comisarios políticos del poder económico.»[xlix]

## §32

El derecho al voto no puede impedir que los grandes titanes del capitalismo, especialmente los titanes del capitalismo financiero, impongan sus planes por doquier. Es por eso que, aunque tengamos el derecho al voto, no podemos impedir que los grandes titanes del capitalismo eliminen puestos de trabajo por medio de la utilización de la tecnología. Tampoco podemos impedir, ni tan siquiera por medio de un cambio de gobierno, que los titanes del capitalismo eliminen puestos de trabajo con la finalidad de crear puestos de trabajo en países que permiten la explotación laboral y la contaminación laboral.

En fin, cuando usted escuche o vea a una supuesta lumbrera manifestando maravillas sobre el derecho al voto, usted siempre debe recordar que «los dueños del capital han convertido los conceptos de democracia y libre empresa en un manto bajo el cual esconden sus propósitos egoístas.»[l]

También debe recordar, que ni el derecho al voto ni los políticos han podido (ni podrán) combatir los planes de los grandes titanes del capitalismo. Es por eso que, aunque hayamos participado en varias elecciones, hemos visto que el sistema capitalista: (1) ha debilitado a los Estados; y (2) ha llevado a los Estados y a la gran mayoría de la humanidad a aceptar «niveles de injusticia y de desigualdad que racional y éticamente no deberían ser tolerados.»ⁱⁱ

## §33

El derecho al voto, hasta en los países altamente desarrollados, ni mejora nada ni cambia nada. Fuera de algunos cambios pequeños, el derecho al voto: (a) no impide que las castas reciban beneficios injustos; y (b) no impide que los políticos electos utilicen de manera irresponsable los fondos públicos. Además, el derecho al voto jamás podrá cambiar esa dura realidad que nos demuestra que los habitantes de casi todos los países, les guste o no, tienen que trabajar duro para beneficiar a los banqueros, a los capitalistas, a los industriales y a los grandes comerciantes.

Ahora bien, es necesario que los habitantes de un país –debido al hecho de que el derecho al voto no elimina la dictadura del poder financiero– sean cuidadosos a la hora de votar. Debido a la forma en que está organizado este bárbaro y egoísta mundo, es necesario que los esclavizados ciudadanos sean representados por políticos que, como buenos sirvientes, tengan buenas destrezas a la hora de rogar, suplicar y ñangotarse ante los poderosos gerifaltes del poder financiero.

Recuerde que si un político de alto nivel (como, por ejemplo, el presidente de Argentina) es irrespetuoso con los gerifaltes del poder financiero, el poder financiero puede tomar la decisión de complicarle la existencia al pueblo que es representado por el político irrespetuoso.

No olvide, por más mierdas que escriban los quijotes del contrato social y de la igualdad, que vivimos en una época en la que el poder financiero es el mandamás mundial, y debido a eso «...los países dependen de la confianza del mercado y de la renovación de los créditos para seguir funcionando.»[iii]

## §34

No quiero dañarle su ilusión, pero es totalmente falso eso de que el pueblo es el soberano. Fíjese que los ciudadanos de los países que dicen ser democráticos, ni controlan muchos de los asuntos que están relacionados con sus propios cuerpos. De hecho, si usted mira bien podrá notar que los ciudadanos de los indicados países comen, visten, calzan y andan gracias a los titanes del comercio. Además, en caso de enfermedad los ciudadanos están obligados a utilizar los medicamentos y los bienes médicos que fabrican y venden los grandes mercaderes de la salud.

Y no puede pasar por alto el hecho de que los políticos electos, especialmente sus favoritos, son las putas políticas de los capitalistas inmensamente ricos. Por medio de los muchos billetes que les regalan los indicados capitalistas, las putas políticas terminan complaciendo a sus donantes y obviando esa gran máxima que dice que todo político, todo el tiempo, debe trabajar pensando en el mejor bienestar del pueblo.

## §35

Cada vez que usted entre a la caseta de votación que se utilice en las elecciones generales, trate de recordar que sus políticos favoritos –salvo la compra y la venta de puestos y contratos gubernamentales– no controlan casi nada. El trabajo principal de los políticos, además de proteger los intereses de los capitalistas inmensamente ricos y los intereses del gran poder financiero, es mantener entretenida a la gente: (a) por medio de temas de interés social; (b) por medio de peleas y griterías partidistas; y (c) por medio de bochinches.

Por medio de esos tres asuntos, los políticos logran que la gente común y corriente –que suele pensar que es muy importante– se mantenga ocupada y entretenida mientras los verdaderos administradores del país, reunidos con los representantes de los amos del mundo, administran y negocian fuera del ojo público.

Es por eso que los amos del mundo ven con buenos ojos que, de vez en cuando, surjan situaciones políticas que provoquen movilizaciones masivas. Recuerde que los amos del mundo creen que si la gente está entretenida, ocupada, dividida y marchando por cualquier asunto político –como, por ejemplo, marchando, protestando y gritando debido a que un senador dijo que las mujeres solo sirven para follar y chismear–, dejará de prestarle atención a ciertos asuntos de elevado nivel.

Es por eso que los amos del mundo, que suelen estar ocupados con asuntos económicos, políticos y sociales de alto nivel, no ven con malos ojos –hasta el punto de que disfrutan de las ocurrencias de los manifestantes– que la gente proteste, discuta, riña y grite por culpa de asuntos partidistas.

## §36

«Estamos dominados por una oligarquía económica y financiera que tiene a su servicio a toda una serie de funcionarios que son los jefes de Estado de los países.»ᴵᴵᴵ También estamos dominados por una oligarquía económica y financiera que se mea de la risa cuando escucha que los esclavizados y explotables seres humanos tenemos, supuestamente, el poder de imponer nuestra voluntad por medio del derecho al voto.

Esos gerifaltes se mean de la risa ya que saben que el único derecho que tienen sus descartables siervos, después de dejar gran parte de sus vidas en los centros de trabajo, es el derecho al pataleo y al llanto. Recuerde que esos potentados, que no suelen aparecer en los medios de masas, saben que el derecho al voto para dizque cambiar a los poderosos es, además de un sofisticado embuste, una de las mejores ilusiones que ellos (el poder verdadero) han creado.

Esos potentados, que suelen organizarse para embrutecer a la raza humana por medio de medios de masas, consumismo, universidades chatarra, celebridades y redes sociales, tienen razón al reírse de nosotros y, sobre todo, al reírse al oír eso de que somos un pueblo soberano que –por medio del derecho al voto y por medio de un falso contrato social– imponemos nuestra voluntad.

¿Sabe por qué los mencionados gerifaltes del poder económico pueden reírse de nosotros? Por la sencilla razón de que ellos y ellas, por medio de sus millones de billetes, por medio de sus multinacionales, por medio de sus cabilderos y por medio de sus políticos comprados, «están decidiendo nuestros destinos y están gobernando a nuestros gobiernos.»[liv]

## §37

El individuo bien dotado intelectualmente, que suele tener los pies sobre la tierra, no pierde el tiempo participando en eventos eleccionarios para seleccionar a los pandilleros de cuello blanco que, ya sean de la izquierda o de la derecha, se encargarán de saquear las cajas gubernamentales.

*Ismael Leandry-Vega*

Ese ser humano sabe que el derecho al voto es, en toda supuesta democracia, una gran estafa. Y ese ser humano sabe que el derecho al voto es una gran estafa ya que, en todo país democrático, muchos puestos electivos y muchos puestos de confianza son comprados por multimillonarios y millonarios. (No olvide las puertas giratorias).

De hecho, en toda tierra llamada democracia uno puede ver que la mayoría de los políticos electos (y muchos empleados de confianza de alto nivel) está compuesta por seres humanos que, en nombre de los billetes y del capitalismo salvaje, protegen y complacen a los ricos capitalistas.[iv] Y eso no debe causar ninguna sorpresa, puesto que todos sabemos que los altos costos de las campañas políticas «obliga a los candidatos a venderse como reses a los que pueden dar el dinero para sufragarlas.»[v]

El individuo bien dotado intelectualmente también puede notar que algunos puestos políticos que son ocupados por personas que abiertamente dicen que no son amigos ni protectores de los individuos inmensamente ricos, son ocupados por majaderos que se parecen a la masa consumista. Lo que significa que algunas de esas personas, en tiempos en los que predomina el consumismo salvaje y la «adoración del dinero»,[vi] pueden ser compradas con suma facilidad.

## §38

El derecho al voto, en muchos de los supuestos países democráticos que hay por doquier, sirve para saber quiénes serán (después de contados todos los votos) los ricos empresarios que, por medio de sus destructivas maquinarias, ganarán muchos billetes por medio de la ruina ambiental y por medio de la contaminación ambiental.

No olvide que detrás de cada partido político, hay empresarios que se especializan en lo antes mencionado. Y esos empresarios, que utilizan los donativos políticos y los buenos empleos para comprar a los políticos, hacen todo lo que sea necesario para que sus chicos y sus chicas ganen las elecciones.

Esos empresarios de la construcción saben que si sus chicos y sus chicas ganan los puestos electivos, ellos les ganarán a sus competidores, recuperarán los billetes invertidos y obtendrán todos los permisos gubernamentales (o, por lo menos, muchos de ellos) que sean necesarios para, por medio de la explotación del medio ambiente, ganar muchísimos billetes.

Es por eso que –como ocurre, por ejemplo, en muchos países de Latinoamérica– en muchas de las supuestas democracias, aunque gane el partido político X o aunque gane el partido político Z, uno siempre verá que algunos empresarios (los amigos y los donantes de los políticos que están en las cabinas de mando) ganan muchos billetes destruyendo «bosques vírgenes, pueblos, tierras de cultivo (...), dejando a su paso un rastro destructor de caos y desigualdad.»[lviii]

## §39

Cuando usted piense en las maravillas de su democracia, que entre ellas seguramente está el derecho al voto, no olvide que los gerifaltes del poder financiero –que saben que la masa es capaz de elegir a un populista que prometa saquear las bóvedas de los bancos– son los que, pensando en el mejor bienestar del sistema financiero, tienen más peso a la hora de bendecir y elegir a los políticos de más alto rango (entre ellos, por ejemplo, está el presidente de los Estados Unidos de América y el primer ministro del Reino Unido) dentro de los países capitalistas y plutocráticos.

Y no olvide, cuando hable sobre su linda democracia, que si su maravillosa y amada democracia está fuertemente endeudada, eso significa que su maravillosa democracia le pertenece, en gran medida, al poder financiero. No olvide que los países capitalistas y democráticos que están fuertemente endeudados están, por encima del derecho al voto y por encima de los deseos de los ciudadanos, «...cada vez más sometidos a lo que dicten los grandes consorcios financieros.»[lix]

# Capítulo cuatro
# La chusma y el derecho al voto

## §40

El derecho al voto, aunque es un asunto positivo en los libros, es una mierda en la dura y pura realidad. Por lo regular, en todo país supuestamente democrático (y en todo país) «el número de necios es infinito.»[ix] Debido a eso, muchos asuntos que están relacionados con las elecciones están en manos de los necios. Y debido a eso, los necios siempre harán todo lo que sea necesario para seleccionar a políticos de mediano y bajo nivel que, parecidos a ellos, sean necios, populacheros y acérrimos enemigos del pensamiento crítico.

## §41

Un intelecto que sobrepasa con mucho la medida normal, que suele tener un buen pensamiento crítico, no pierde el tiempo en eventos que estén relacionados con las elecciones. Ese gran intelecto sabe que no vale la pena votar ya que, en su país, hay más necios que intelectos superiores. Y debido a eso, sabe que los votos de los necios siempre serán la gran mayoría.

Ahora bien, como el intelecto que sobrepasa con mucho la medida normal suele tener un pensamiento crítico adecuado, también sabe que no vale la pena votar en las elecciones generales ya que en la política, como ocurre en las librerías, «lo que vende e ilusiona no es la cruda realidad...».[lxi]

Y como eso es así, la profusa y lenguaraz masa colocará en las sillas del poder político a individuos: (a) que tengan gran talento a la hora de decir verdades a medias y bagatelas; (b) que sean populacheros; (c) que prometan paraísos y muchos billetes; y (d) que tengan talento para esconder los trapos sucios de la realidad.

Esto resulta evidente cuando uno ve que en Europa, en Latinoamérica y en los Estados Unidos de América, gracias a la televisión chatarra y a la Internet chatarra, la numerosa y chismosa masa se ha especializado en colocar a los demagogos, a los populistas, a los halagadores y a las estrellas del mundo del espectáculo vulgar, en distintas sillas del poder político.[lxii]

Y no puede olvidar que la masa, que premia e idolatra la estupidez, a la hora de votar le da más peso a la belleza que al contenido del cerebro. Es por eso que en las maravillosas democracias, «los candidatos y las candidatas logran más votos por su atractivo físico y por su simpatía personal que por su capacidad administrativa.»[lxiii]

## §42

Aunque robustece el espejismo de la democracia, el derecho al voto no sirve para mucho en los países en los que se juega a la democracia endeudada, capitalista, neoliberal y plutocrática.

En todos esos países el derecho al voto es utilizado por la chusma para crear, mientras las élites que no han sido votadas por nadie gobiernan inmutablemente desde sus resplandecientes palacios ubicados en las zonas financieras (por ejemplo, Wall Street), pequeñas *«chusmacracias»*.

Debido a eso, los mencionados países están llenos de políticos de baja calidad que, además de entretener a las masas por medio de programas de televisión, por medio de programas de radio y por medio de bochinches, son populacheros, indecentes e ignorantes. Es por eso que, gracias al derecho al voto de las chusmas, muchos indecentes y muchos ignorantes disfrutan, en el mundo en que vivimos, de cierto poder político.[lxiv]

## §43

Los más tóxicos optimistas sostienen que los medios sociales y electrónicos, como Facebook y Twitter, han permitido que más personas participen en debates sociales relacionados con las elecciones. Debido a eso son muchos los que dicen que los posibles votantes, gracias a la red de Internet, pueden ejercer su derecho al voto de una manera más inteligente y responsable.

Sin embargo, lo antes escrito no son más que embustes. La demagogia, el cinismo y el embuste, al igual que las violentas y poco inteligentes turbas, se han trasladado a la red de Internet. Debido a eso, la demagogia, el cinismo y los embustes políticos alcanzan, especialmente durante las campañas políticas, dimensiones internacionales por medio de la red de Internet.[lxv]

Y no olvidemos que las turbas electrónicas, gracias a la red de Internet, utilizan la red de

Internet para linchar, acosar e insultar a las personas que, por medio de buenos análisis, critican a los políticos de carrera o, en medio de las campañas políticas, a los candidatos.[lxvi] A lo dicho se le suma el hecho de que las personas que emiten opiniones políticas por medio de los medios sociales suelen emitir, como lo hacen cara a cara, opiniones triviales y opiniones partidistas.

Realmente es poco el debate profundo y concienzudo que hay en los medios sociales sobre asuntos políticos y eleccionarios. Por eso me atrevo a decir que la red de Internet y las redes sociales, que están llenas de gatitos saltarines y de mensajitos de solidaridad escritos por luchadores de sofá, «no han elevado el nivel político de las masas, antes al contrario han dejado un rasero de intrascendencia, banalidad y levedad muy acusadas en la inmensa mayoría de la gente.»[lxvii]

## §44

Dicen los tóxicos optimistas que la humanidad está más educada y, como resultado de eso, mejor capacitada para votar en los eventos electorales. Sin embargo, no puedo concurrir con los tóxicos optimistas que, acostumbrados a obviar los trapos sucios de la realidad, piensan de la mencionada manera.

A pesar de que, dentro de este contaminado planeta, hay miles de instituciones de educación superior, la realidad es que la educación universitaria se ha convertido, menos en las mejores universidades, en una porquería que produce lerdos profesionales –como los abogados y los médicos– y lerdos subgraduados. De hecho, este bárbaro y despiadado mundo está lleno de instituciones de educación superior que, a pesar de que están acreditadas, «sólo tienen de universidad una palabra de su nombre, conceden títulos en profesiones inexistentes y fantasiosas a millares de 'clientes' incapaces de leer un texto y de escribir correctamente una carta.»[lxviii]

Además, cada día es más palpable el hecho de que la educación universitaria busca embrutecer y especializar a los estudiantes con la finalidad de que, con un pensamiento crítico defectuoso, sean consumistas, defensores del *statu quo* y «productores.»[lxix]

A lo dicho se le suma el hecho de que, a pesar de las miles de instituciones de educación superior que hay en el mundo, cada vez hay más seres humanos consumistas, materialistas y, peor todavía, fanáticos del espectáculo. Es por eso que hoy día, en perjuicio del derecho al voto, las personas (incluyendo a los universitarios y a los titulados) escuchan «más a un cantante, a un deportista, o a una estrella del *star-system* que a un intelectual.»[lxx]

Y si en un país la gente no quiere saber de los intelectuales ya que desea escuchar las opiniones políticas de los cantantes, de los deportistas y de las incultas estrellas del mundo del espectáculo, eso significa que la calidad del voto de esa gente será tremenda porquería. Y el gran problema con eso es que, el derecho al voto de toda esa gente estará sujeto –por medio de la publicidad y de la propaganda– a los deseos del poder o, en el peor de los casos, a los deseos de los más desalmados populistas.

## §45

Los seres humanos, como regla general, desean escuchar palabras optimistas, bonitas y afectuosas. Además, en los tiempos que corren, la gente desea escuchar mensajes optimistas que se acerquen a la utopía. Debido a eso, es prácticamente imposible que un candidato político que sea pesimista y sincero gane, por medio del voto popular, una silla en el Gobierno.

Es por eso que, en las plutocracias disfrazadas de democracia, los políticos más embusteros, populistas e irrealistas son los que suelen ganar los eventos electorales, especialmente los que están relacionados con las legislaturas y las alcaldías. Y es por eso que, lamentablemente, el político que no prometa prosperidad, comida, centros comerciales, espectáculos, empleos y muchos billetes para comprar fruslerías y cachivaches, tiene pocas posibilidades de obtener el favor del pueblo.

Lo antes explicado, que son unos asuntos que demuestran que siempre existe el riesgo de que mitómanos y populistas ocupen posiciones políticas, no es un asunto raro cuando se tiene en cuenta que la gran mayoría de los votantes, en las plutocracias disfrazadas de democracia, están constituidos de tal modo que «no escuchan con los oídos sino con el estómago.»[lxxi]

## §46

La gran mayoría de los seres humanos que viven en países democráticos está compuesta por personas que, sin notarlo, han sido hipnotizadas por los principales medios de comunicación. Es por eso que en esos países: (a) la masa compra lo que sugieren los *mass media*; (b) la masa viste siguiendo las recomendaciones de los principales medios de comunicación; (c) la masa piensa que las personalidades de la televisión son oráculos, genios y líderes; y (d) la masa ha elevado a la categoría de oráculos a los deportistas millonarios, a los artistas del cine y de la televisión y a las tetonas y/o culonas del cine y de la televisión.

La prueba innegable de ello es que millones de estadounidenses, que adoran los espectáculos de índole chatarra, elevaron a Donald John Trump, un agresivo y rico empresario que se convirtió en un productivo miembro de la sociedad del espectáculo, a las categorías de oráculo y líder.

Dando lugar a que ese producto de la sociedad del espectáculo llamado Trump, que sustentó su «imparable ascenso en el dominio del lenguaje de la televisión y en la hegemonía de las redes sociales»,[lxxii] se convirtiera en el cuadragésimo quinto presidente de los Estados Unidos de América.

En fin, es duro tener que reconocer que los principales medios de comunicación tienen la capacidad de embrutecer el pensamiento humano. También es duro tener que reconocer que el pensamiento de millones de seres humanos, especialmente en países que han caído en los anzuelos de la industria del espectáculo, ha sido severamente contaminado por medio de las imágenes y de las opiniones de los «principales medios de comunicación, esto es, los portavoces de las clases dominantes o hegemónicas.»[lxxiii]

Todo esto viene a cuento ya que deseo decirle que el derecho al voto, desgraciadamente, también suele estar contaminado con las ideas y opiniones de los principales medios de comunicación. Es por eso que el votante común y corriente, que tiene un cerebro lleno de creencias, mitos, opiniones y disparates sembrados por los medios de comunicación, ejerce su derecho al voto como si estuviera comprando una de sus fruslerías favoritas o como si estuviera aplaudiendo a una de sus celebridades favoritas. Es por eso que el voto del votante común y corriente, que suele ser una persona que ha dejado al margen «la formación y el saber»,[lxxiv] no suele ser una acción muy racional.

## §47

Los países en los que se juega el juego de la plutocracia disfrazada de democracia, están sufriendo serias consecuencias por culpa de un poderoso virus. Ese virus, que afecta a los educados y a los no educados, está afectando seriamente el pensamiento de los habitantes. Ese dañino virus, que es imparable, se llama la imbecilidad. Debido a eso uno puede ver que, en los mencionados países, los contagiados no quieren saber de los pensadores, filósofos y críticos sociales que, como oráculos, ayudan a interpretar el mundo social que nos rodea.

De hecho, los contagiados lo que quieren saber es de centros comerciales, modas, estrellas

---

del espectáculo, deportistas profesionales, telenovelas, entretenimiento chatarra, televisión chatarra e Internet chatarra. Es por eso que, en todas las plutocracias disfrazadas de democracia, «el poder de la inteligencia ha sido sustituido por el poder de los medios de comunicación que fabrican más celebridades que los círculos de eruditos e intelectuales.»[lxxv]

A lo dicho se le suma el hecho de que, en los mencionados países, el virus del embrutecimiento es tan fuerte que los contagiados, además de que les prestan más atención a las celebridades que a los más respetables entendidos, dicen que «los pensadores o filósofos estorban porque se cuestionan las cosas»[lxxvi] y, sobre todo, porque se pasan criticando los mitos y las ilusiones que han creado los embrutecidos para darle sentido a sus banales vidas por medio del consumismo, del materialismo y del entretenimiento chatarra.

Todo esto viene a cuento ya que deseo decirle que en los países supuestamente democráticos, como España, México, Chile, el Reino Unido y los Estados Unidos de América, la gran masa está compuesta por seres humanos que, sin importar el nivel educativo, están seriamente embrutecidos, al extremo de que uno puede ver que «las pasarelas y la cocina están suplantando al arte y la filosofía.»[lxxvii]

Ese gran embrutecimiento, penosamente, ha traído serias consecuencias. Una de esas consecuencias es que los embrutecidos, que suelen tener un pensamiento crítico defectuoso, tienen mucho poder (debido a que son legiones) a la hora de escoger, por medio del derecho al voto, a los políticos. Debido a eso, los embrutecidos suelen rechazar a los candidatos que demuestren tener una buena inteligencia y un pensamiento crítico altamente desarrollado. De hecho, las masas suelen rechazar a los candidatos que demuestren, por medio de obras y acciones, que son más inteligentes que las masas.

Ahora bien, es justo señalar que lo antes dicho, aunque más potente en esta época de consumismo generalizado y marrullería globalizada, siempre ha sido de esa manera. La historia, la sociología, la filosofía y la experiencia demuestran, con extraordinaria claridad, que la superioridad intelectual, que no está relacionada con el hecho de ser rico, «aísla a quien la posee».

Debido a eso, la chusma odia y huye de todo ser humano que tenga y demuestre tener superioridad intelectual. Además, la chusma suele imputarle al individuo con superioridad intelectual «todo tipo de defectos.» [lxxviii]

Lo antes discutido también trae la siguiente consecuencia: los individuos que tienen superioridad intelectual saben lo antes discutido, por lo que suelen alejarse de la política y suelen mantenerse en el sector privado, en el sector académico y en el sector gubernamental de carrera.

Y eso, lamentablemente, permite que marrulleros, mediocres, comunes, populistas, psicópatas, mafiosos y personas que adoran seguir la última demagogia en circulación por los medios sociales o por las televisiones más populistas, se inmiscuyan en la política y, gracias a los votos de los masificados, terminen ocupando muchos puestos políticos.

---

Es por eso que en toda plutocracia disfrazada de democracia uno puede ver que muchos seres humanos de inteligencia inferior, agarrándose del populismo, «buscan entrar a la política y al sector público para poder contar con una cuota de seguridad de empleo, ya que saben que en el sector privado no durarían ni al menos un día por su incuestionable ineptitud.»[lxxix]

## §48

Siempre recuerde que el derecho al voto, que termina seriamente influenciado por culpa de los medios de comunicación (por la propaganda y por la publicidad) y por el fatídico pensamiento de tribu, suele sacar del medio, especialmente desde las primarias, a muchos de los mejores candidatos para darle espacio a los más mediocres, listos, marrulleros, embusteros y, sobre todo, corruptos. Y no olvide, como dije antes, que los asuntos negativos relacionados con la chusma también juegan un papel importante a la hora de sacar a los (siempre pocos) mejores candidatos.

Es por eso que la maldita y numerosa chusma, acostumbrada a la superficialidad y a los asuntos que están relacionados con la moda y con la prensa del corazón, suele respaldar a los candidatos que, aunque flojos de cabeza, sean físicamente atractivos según la moda del momento.[lxxx]

## §49

Los tóxicos optimistas, que no suelen tolerar la dura y cruda realidad, dicen que la gentuza tiene la capacidad para tomar buenas decisiones al momento de votar en las elecciones generales. Sin embargo, una mirada profunda demuestra que los optimistas están equivocados. Utilizar el derecho al voto de manera responsable no está únicamente relacionado con el hecho de votar o no votar, luego de observar y escuchar a los políticos en los debates y en los programas televisivos, en una elección general.

Se supone que las personas que tengan la edad legal para poder votar, tengan un pensamiento crítico excelente. Pues es sabido que si tienen un pensamiento crítico excelente, que es un asunto que no está relacionado ni grados universitarios ni con conocimientos tecnológicos, pueden votar con sabiduría y responsabilidad.

Ahora bien, en los tiempos que corren el problema está en que cada vez son menos las personas que tienen un pensamiento crítico desarrollado. ¿Por qué? Una parte de la respuesta es que la filosofía, que ayuda a desarrollar un buen pensamiento crítico, es un «saber del que muchas sociedades han prescindido y prescinden.»[lxxxi]

Otra parte de la respuesta es que para tener un buen pensamiento crítico es necesario adorar la soledad, la meditación, la concentración y, sobre todo, la buena lectura. Y la gran mayoría de la gente, hoy día, aborrece la soledad, la concentración y, sobre todo, la buena lectura.

De hecho, en lugar de leer buenos libros o buenos artículos durante las horas libres, millones de personas entregan «su conciencia a programas de televisión basura, a series bien diseñadas, espectáculos diversos, competiciones deportivas de masas, anuncios variados y a un sin fin de cebos que permanentemente pululan a su alrededor.»[lxxxii]

Realmente es una tragedia poder observar que el pensamiento crítico, especialmente en los países supuestamente democráticos en los que hay muchos centros comerciales y en los que constantemente se embrutece al pueblo por medio del entretenimiento chatarra, «parece molestar.»[lxxxiii]

Y el pensamiento crítico en un asunto que les causa molestia a millones de personas – especialmente a las suertudas que tienen algunas comodidades– ya que, lamentablemente, desean entretenimientos, distracciones, consumismo y centros comerciales.

En fin, es triste tener que reconocer que aunque los genios de la tecnología nos brinden artefactos tecnológicos cada vez más potentes y baratos, la calidad de los políticos será cada vez peor debido al hecho de que, sin entrar en el asunto de que se están eliminando cursos relacionados con las *Humanidades,* el pensamiento crítico de los votantes también será cada vez peor.

## §50

Si la gran mayoría de la población de un país está compuesta por necios, desertores escolares, consumistas, materialistas y fanáticos del espectáculo chatarra, eso significa que el derecho al voto –salvo el asunto de robustecer el espejismo de la democracia– no sirve para nada. Para que el derecho al voto sea, aunque un poco, algo positivo, es necesario que la gran mayoría de la población esté compuesta por seres humanos que tengan un pensamiento libre y crítico.

Y tener un pensamiento libre y crítico, además de que sirve para combatir las fuertes dosis de propaganda y publicidad, significa que la persona únicamente ejerce su derecho al voto si encuentra un candidato idóneo o, en el caso de que no encuentre un candidato idóneo, si entiende que es necesario votar por el candidato menos malo para evitar que un político peligroso, guapetón, populista y demagogo, llegue a la cabina de mando.

## §51

Si la gran mayoría de un país está compuesta por necios, eso significa que muchos puestos electivos (y muchos puestos gubernamentales que no requieren elección) son llenados por medio del voto de los necios. Y tenga en cuenta que no dije todos los puestos electivos ya que los gerifaltes del capitalismo, al igual que las castas políticas, siempre se aseguran de tener el control de muchos puestos electivos y de muchos puestos de confianza.

Es por eso que los votos y las opiniones que menos valen, en los países en los que se juega a la democracia, son los votos y las opiniones de los seres humanos que, además de realistas, tienen un pensamiento crítico extraordinario.

Recuerde que los votos y las opiniones políticas de esos seres, que siempre son los menos en cualquier país –especialmente dentro de todo país que esté lleno de centros comerciales y de medios de comunicación especializados en el espectáculo chatarra–, son aplastados (los votos) y aplastadas (las opiniones) por los votos y por las opiniones de los necios, de las castas políticas, de los gerifaltes del capitalismo (que gastan muchos billetes en publicidad) y de los fanáticos de los principales partidos políticos.

# Capítulo cinco
# El voto del pobre vale menos

## §52

A los seres humanos no nos gusta mucho la cruda y dura realidad, por eso «tenemos necesidad de mitos para animarnos a mejorar la realidad y hasta para soportarla...».[lxxxiv] Y entre los mitos que utilizamos para soportar nuestra poquedad, está ese afamado mito que falsamente sostiene que somos (el pueblo) el soberano que, inteligentemente, escoge a sus representantes por medio del derecho al voto.

Lo antes dicho es un gran mito ya que en todo país en el que se juegue a la democracia capitalista y neoliberal, «el Poder del dinero le da de comer al Poder político y el Poder político se comporta luego de acuerdo con los intereses de quién le ha dado de comer.»[lxxxv]

Eso significa que en los países plutocráticos en los que se juega a la democracia, como España, Estados Unidos de América y el Reino Unido, los votos que depositan los ciudadanos comunes y corrientes durante los eventos electorales no valen nada a la hora de seleccionar a los políticos de alto nivel. Es por eso que las elecciones, en esos lugares, suelen ser actos de entretenimiento creados por el poder para que los explotables y descartables pobres vivan bajo la creencia de que, a pesar de los enormes abismos económicos, son tomados en consideración por los amos de la humanidad.

## §53

El dinero, en los tiempos que corren, se ha convertido en el principal dios de la destructiva humanidad. Debido a eso, los seres humanos más ricos del planeta se han convertido en los sumos pontífices de ese todopoderoso dios llamado don dinero. De hecho, estar en una de esas afamadas listas de milmillonarios, como en la lista anual de milmillonarios de *Forbes*, es garantía de que las palabras que se digan públicamente, aunque sean estupideces, serán escuchadas por millones de personas.

Y no se puede olvidar que todo Gobierno, debido a que el dinero es el todopoderoso dios, trabaja para proteger, favorecer y mimar a los seres que han sido bendecidos por el dios dinero. Debido a eso, todo país aparentemente democrático ha terminado convirtiéndose en una flagrante plutocracia en la que los pobres únicamente sirven para trabajar, para sufrir, para proveer brazos baratos y, sobre todo, para dar la apariencia de que, por medio de elecciones, se vive en un país democrático.

---

Es por eso que el derecho al voto, especialmente el derecho al voto de los pobres infelices, no vale nada. Sin importar los resultados de las elecciones, los políticos ganadores siempre responderán a los intereses de los ricos amos de la humanidad. Y «si los gobernantes elegidos por el pueblo responden a los intereses de los ricos, tomando medidas solicitadas o promovidas por éstos, se tratará de una plutocracia más allá del sistema de partidos políticos, las elecciones que se realicen, etc.»[lxxxvi]

## §54

No olvide, especialmente cuando vaya a votar en las elecciones, que su amada patria no es una democracia. Su amada patria, aunque parezca una democracia, es una flagrante plutocracia en la que se pone en todo lo alto el mejor bienestar de los amos de la humanidad. Y los amos de la humanidad, desde hace bastante tiempo ya, son las multinacionales, las «grandes instituciones financieras, los imperios comerciales y similares.»[lxxxvii]

Debido a eso usted siempre debe tener en mente, especialmente cuando esté hablando de política, que el voto de los pobres únicamente sirve para que los pocos potentados, mientras los muchos pobres sufren, lloran y patalean, sean mimados y protegidos por la gran mayoría de los políticos electos. También debe recordar que, en las plutocracias que se parecen a una democracia, los pobres no valen nada ni antes ni después de los eventos electorales.

Recuerde que en las supuestas democracias, como el Reino Unido, España, México y los Estados Unidos de América, «la capacidad que cada individuo tiene para hacer oír su voz o para imponer sus intereses particulares o de clase dependen, necesariamente, del dinero que posea.» [lxxxviii]

Y como los individuos inmensamente ricos pertenecen a una clase social que tiene muchos billetes, muchos bienes muebles, muchos asesores y muchos billetes para invertir en la política (donativos), eso significa que las supuestas democracias se han convertido en unos desiguales e injustos lugares en los que las voces, los sufrimientos y los llantos de los pobres no son escuchados por la inmensa mayoría de los políticos electos.

## §55

Cuando, en los países supuestamente democráticos, hay un choque entre los intereses de los ciudadanos de a pie y los intereses de los potentados, es usual que prevalezcan los intereses de los potentados, especialmente los intereses de los potentados del poder financiero. No olvide que, contrario a lo que escriben los cándidos periodistas que viven en una cómoda burbuja, vivimos en un corrupto mundo en el que «...una riqueza inmensa permite comprar una inmensa influencia, no sólo en las políticas que se adoptan, sino en el discurso político.»[lxxxix]

Es por eso que el voto de la masa pobre, estresada, endeudada y cada vez más necesitada, en las supuestas democracias, no puede impedir que la clase poderosa e inmensamente rica, por medio de sus muchísimos billetes, imponga su voluntad.

En fin, cuando usted esté hablando de política y cuando usted esté leyendo un libro o un artículo que esté relacionado con el tema de la democracia, trate de recordar que el dinero determina –en los países en los que se celebran elecciones– «los parámetros del debate público: qué cuestiones se pondrán sobre el tapete, en qué marco aparecerán, y cómo se diseñará la legislación.»[xc]

### §56

Los inmensamente ricos, al igual que sus poderosos sirvientes con bombas nucleares (presidentes y primeros ministros de países poderosos), son una clase social exclusiva e inmensamente poderosa. Debido a eso, todo animal humano que esté por debajo de esa gente está, aunque resulte triste reconocerlo, clasificado como material explotable, utilizable y desechable.

Y no se puede olvidar que cientos de miles de personas, para los miembros de la exclusiva

*Ismael Leandry-Vega*

clase social, son directamente clasificadas como animales desechables que pueden dejarse morir por medio del hambre, de la enfermedad y de la más dura y cruda indiferencia.[xci]

Ahora bien, como los animales humanos se molestan y se sienten mal si se les dice que valen poco (o nada) y que meramente son siervos de las multinacionales, de las grandes instituciones financieras y de los «imperios comerciales y similares»,[xcii] se utiliza la política partidista, la publicidad y la propaganda para que –mientras los gerifaltes de las multinacionales, de las grandes instituciones financieras y de los «imperios comerciales y similares»[xciii] gobiernan– crean que valen algo y que sus opiniones son tomadas en cuenta.

## §57

Este planeta no es más que «un mundo carcomido por la injusticia.»[xciv] Y los pobres, en cada rincón de este planeta, son los que suelen ser las principales víctimas de la injusticia. Hasta en los países ricos y desarrollados, como el Reino Unido y los Estados Unidos de América, los pobres son las principales víctimas del indicado mal.

Es por eso que los pobres, al igual que los inmensamente pobres, no deben esperar que sus lamentables situaciones mejoren por el simple hecho de que puedan votar en las elecciones.

Aunque voten en las elecciones, especialmente por políticos populistas y abrazafarolas, las injusticias que sufren los pobres no desaparecerán.

De hecho, el derecho al voto no puede cambiar esa gran injusticia que, en Estados Unidos de América y en muchos otros países, hace muy difícil que los niños pobres y talentosos puedan recibir una educación de alta calidad. En esos países, en donde el valor de una persona se determina por el dinero que tenga, la injusticia y el dinero permiten que los niños ricos y brutos tengan «todas las oportunidades.»[xcv]

## §58

La democracia, cuando uno toma distancia y la mira con perspectiva, no existe para el pobre. En los países supuestamente democráticos, como los Estados Unidos de América y el Reino Unido, los eficaces gerifaltes de las grandes multinacionales, de las grandes instituciones financieras y de los imperios comerciales, mientras los utilizables pobres creen que sus votos valen algo, se enfrascan en grandes batallas para determinar quiénes serán las personas que ocuparán los puestos gubernamentales más importantes.

Y para tratar de ganar esas costosísimas batallas, los mencionados titanes gastan millones de billetes. Además, esos grandes titanes utilizan sus poderosos medios de comunicación con la finalidad de que sus explotables pobres, que se creen libres e importantes, voten según sus deseos (los deseos de los titanes). Es decir, por medio de los medios de comunicación los esclavos sin cadenas (hoy día llamados trabajadores con derechos) son convencidos para que voten según los deseos de los amos de la humanidad.

Sobre el poder que tienen los medios de comunicación de los inmensamente ricos sobre las cabezas de los utilizables y engañadizos ciudadanos de a pie, no se puede negar que es un asunto asombroso.

Digo eso ya que los amos de la humanidad, aunque los ciudadanos a pie piensen que tienen libertad para votar como quieran, utilizan sus medios de masas para crear, aunque sea en beneficio de políticos populistas, agresivos, inexpertos, fuleros, mujeriegos y simplones que prometan reducir los impuestos de los ricos y aumentar la libertad de las instituciones financieras, unas «campañas fabulosas para inculcar a la gente lo que tiene que votar. Y como el poder tiene unos medios extraordinarios de difusión, que son de persuasión, logra que se vote a quien se vota...».[xcvi]

## §59

Siempre recuerde que el derecho al voto, en toda democracia, es una farsa. Recuerde que el mal llamado primer ejecutivo de un país supuestamente democrático, aunque tenga códigos para lanzar bombas nucleares, es un alto funcionario público que está sujeto a los intereses de la casta política, a los intereses de los legisladores que reciben donativos legales e ilegales de los potentados y, sobre todo, a los intereses de los poderosos gerifaltes de las grandes instituciones financieras, de las multinacionales y de los imperios comerciales.

En fin, siempre recuerde que en todos los países supuestamente democráticos, «las verdaderas realidades del poder suelen permanecer ocultas.»[xcvii] Y suelen permanecer ocultas ya que los amos de la humanidad no desean, y tampoco necesitan, dejarles saber a sus explotables siervos: (1) que no existe tan cosa llamada democracia; (2) que no existe tal cosa llamada igualdad; y (3) que viven en una flagrante plutocracia.

## §60

Los ricos y los pobres, ni son iguales ante la ley ni son iguales en los asuntos que están relacionados con la política. La dura realidad siempre ha demostrado que los votos de los inmensamente ricos –ricos que tienen innumerables recursos para embrutecer a los miembros de las clases explotables–, pesan más que los votos de los pobres. Además, la realidad también demuestra que «los altos niveles de desigualdad económica (...) conducen a la desigualdad política.»[xcviii]

Es por eso que, en todos los países en los que se juega a la democracia, la desigualdad política provoca que los ricos tengan el control del poder político. Y a eso se le suma el hecho de que la desigualdad política, también es la que provoca que los políticos se hayan convertido en los perros guardianes de los inmensamente ricos.

# Capítulo seis
# El derecho al voto no es gran cosa

### §61

El derecho al voto, entiéndalo bien, no es una panacea. El derecho al voto, además, no es un instrumento adecuado para que usted deposite sus esperanzas y crea que su situación, ya sea cambiando a los títeres del gobierno o dejando a los mismos títeres en el gobierno, mejorará.

Recuerde que los políticos, que –sin contar las excepciones– son marrulleros y faroleros, trabajan afanosamente para evitar cambios significativos. Y no olvide que los políticos, tanto los veteranos como los ascendidos al poder político, trabajan arduamente para enriquecerse por medio de la política.

---

Otro asunto que no puede olvidar, es que el derecho al voto no suele mejorar a la sociedad. Por más que usted vote y por más cuidadoso que usted sea a la hora de seleccionar a los políticos, no podrá cambiar el hecho de que la sociedad o el «mundo de los hombres es el reino del azar y del error, los cuales lo dominan y gobiernan a su antojo sin piedad ninguna, ayudados por la locura y la malicia, que no cesan de blandir su látigo.»[xcix]

### §62

«Para millones y millones de seres humanos el verdadero infierno es la Tierra.»[c] Y lo más curioso de ese triste asunto es que, en la actualidad, millones y millones de seres humanos están viviendo en un infierno a pesar de que viven en unos países que, supuestamente, son unas democracias que ponen en todo lo alto el mejor bienestar de los ciudadanos comunes. Y para millones de esas personas, su ensalzado derecho al voto no ha podido cambiar (ni cambiará) el hecho de que, en carne propia, estén viviendo en un maldito infierno.

### §63

Los pobres, que somos la mayoría dentro de este planeta, perdemos el tiempo cada vez que, por medio del derecho al voto, seleccionamos a los políticos que ganarán muchos billetes por medio de los puestos electivos. Aunque votemos y aunque seleccionemos a los mejores candidatos, el derecho al voto no nos sacará de la pobreza.

De hecho, en las supuestas democracias en las que existe el derecho al voto: (1) la gran mayoría de los pobres está compuesta por seres que siguen siendo (y lo serán hasta que mueran) pobres; y (2) la brecha que separa a los ricos de los pobres sigue creciendo.

Un buen ejemplo sobre ello proviene desde una plutocracia desarrollada –o democracia *light*– llamada los Estados Unidos de América. Allí, en donde existe el derecho al voto, la brecha entre los ricos y los pobres sigue creciendo. Y mientras esa brecha sigue creciendo y creciendo, hasta el punto de que se ha convertido en un gigantesco abismo, los políticos no están haciendo nada significativo para remediar dicha perversidad.[ci]

## §64

Los pobres, que están en este planeta para sufrir y para trabajar por salarios de hambre aunque trabajen duro y honradamente, tienen que entender que sus votos, debido a que la desigualdad económica provoca que exista desigualdad política, no valen nada. Por más que voten y por más que participen en actividades políticas, los políticos seleccionados (la mayoría) trabajarán duro: (a) para proteger a los inmensamente ricos de los pobres; y (b) para impedir o dificultar que las brechas (la económica y la política) entre los ricos y los pobres sean acortadas.

También los pobres tienen que entender, si viven en países supuestamente democráticos en los que las brechas entre los ricos y los pobres son abismales, que los políticos electos colocarán las necesidades y los intereses de los pobres en último lugar ya que, debido a la desigualdad política, están obligados a bregar con las necesidades e intereses de los capitalistas inmensamente ricos, especialmente si fueron donantes o inversionistas políticos.

---

Todo lo arriba discutido, aunque haga hervir la sangre, son unos asuntos que, si se tiene un buen pensamiento crítico, no deben causar sorpresa. Recuerde que en las supuestas democracias, aunque exista el derecho al voto y aunque los profesores universitarios hablen maravillas sobre el supuesto contrato social, «cuando la desigualdad económica se traduce en desigualdad política (...) los gobiernos prestan poca atención a las necesidades de aquellos en los estratos inferiores.»[cii]

## §65

Es harto conocido que vivimos y moriremos en un «mundo cruel y aplastante.»[ciii] Ahora bien, para los pobres el mundo es más cruel y más aplastante. Y para los inmensamente pobres, el mundo no es más que un infierno en el que sus vidas no valen nada.

Es por eso que los pobres y los inmensamente pobres que viven en países supuestamente democráticos, debido a que lo sienten en carne propia, creen que el mundo es cruel y aplastante. Y es normal que piensen de esa manera, ya que los pobres y los inmensamente pobres que viven en las democracias de papel (todas son democracias de papel) viven en unos países en los que, sin importar el derecho al voto y sin importar todas las babosadas que se hayan escrito en las constituciones sobre igualdad y dignidad, el juego «está trucado en favor de los que tienen dinero y poder.»[civ]

Es por eso que los pobres y los inmensamente pobres, sin importar las maneras en las que hayan votado, siempre serán los siervos de los seres que tengan muchos billetes y mucho poder. Y para garantizar y robustecer la esclavitud sin cadenas de los pobres, los seres que tienen muchos billetes y mucho poder utilizan a sus amigos en las legislaturas, en las oficinas del poder ejecutivo y, sobre todo, en los tribunales de última instancia.

## §66

Cada vez que usted piense o hable sobre las maravillas de su democracia, no olvide que dentro de su maravillosa democracia con derecho al voto hay un pequeño grupito que, para su beneficio, se queda con una buena parte de la riqueza del país por medio del duro trabajo de los explotables y descartables ciudadanos comunes y corrientes.

Además, cada vez que usted participe en un evento electoral para seleccionar a sus legisladores y al mal llamado primer ejecutivo de su país, recuerde que sus políticos favoritos son unos vividores que viven dentro de un planeta en el que «unos pocos deciden precios y comercian a su antojo con los recursos alimenticios, lo que de hecho significa que deciden quién come o no, quién se harta de comer o quien morirá de hambre y miseria.»cv

## §67

«Los pobres y marginados» están condenados a vivir «en un mundo de espantosas injusticias.»cvi Y eso no cambia aunque se viva en un país en el que, para entretener a los explotables pobres, exista el derecho al voto. De hecho, aunque exista el derecho al voto los pobres seguirán siendo insignificantes, explotados, utilizados y exterminados por medio de la comida chatarra, de los malos servicios de salud, de la falta de medicamentos y de las presiones económicas que llevan a la enfermedad mental y al suicidio.

## §68

Toda persona sabe que «el ejercicio de la política, más que un servicio a la corrupción y a la vagancia, debe ser una actividad para mejorar la vida de los ciudadanos y ciudadanas...».cvii Sin embargo, la realidad enseña que la política: (a) no mejora la vida de la gente; y (b) es una actividad que se utiliza con la finalidad de que unos pocos suertudos se hagan ricos por medio de la adulación, de la corrupción o del clientelismo.

Y no puede olvidar que la política es una actividad que se utiliza para que los explotables ciudadanos, en un mundo dominado por capitalistas inmensamente ricos y por corporaciones inmensamente ricas, crean que tienen valor. De hecho, la finalidad de la política – en los países en los que existe el derecho al voto– es mantener a los ciudadanos entretenidos, divididos, ocupados y engañados.

Recuerde que mientras los explotados vivan bajo la impresión de que valen algo –y mientras vivan bajo la creencia de que son tomados en cuenta en sus respectivas democracias de papel–, molestarán lo menos posible. Y recuerde, además, que mientras los explotados crean que valen algo no se darán cuenta de que el poder, que en la actualidad está en manos del poder financiero, los ha convertido en unas banales bestias que únicamente viven para obedecer, trabajar, consumir porquerías[cviii] y, sobre todo, para participar en unos eventos electorales que no valen nada.

## §69

Se supone que los políticos, sin importar partidos políticos, trabajen unidos. Se supone, además, que los políticos electos trabajen todos los días teniendo en mente el mejor bienestar del pueblo. Sin embargo, la realidad siempre ha demostrado que en los países en los que, por medio del derecho al voto, se juega a la democracia endeudada, capitalista y neoliberal, los políticos no están interesados en trabajar unidos teniendo en mente el mejor bienestar del pueblo.

Cada político, una vez agarra su lucrativo puesto, lo que hace es pensar en el mejor bienestar de su barriga, en el mejor bienestar de sus cuentas de banco (algunos tienen cuentas en los paraísos fiscales), en el mejor bienestar de sus inversionistas y, sobre todo, en el mejor bienestar de sus más cercanos colaboradores.

Además, como todo político le debe su puesto a los distinguidos marrulleros (la casta política) que tienen el control de su partido político, el político electo tiene que trabajar para que dichas personas obtengan sus beneficios y billetes.

Ahora bien, lo más triste es que el político tiene que hacer todo lo posible para fastidiar, aunque sean buenas, las ideas de sus oponentes. Es por eso que, en las maravillosas democracias, los políticos no toman en cuenta la calidad de las ideas y «levantan muros a los del otro bando.»[cix]

## §70

En los países en los que se juega a la democracia por medio del derecho al voto, «la igualdad de oportunidades realmente no existe.»[cx] En esos países, como regla general, los familiares de los políticos (aunque sean soplagaitas) tienen más y mejores oportunidades para, en violación al principio de mérito, obtener buenos empleos y muchos billetes. Además, los familiares y amigos de los marrulleros que juegan el juego de las inversiones políticas también consiguen, por encima de los honestos que no tienen ni compadres ni comadres, muchos billetes y buenos empleos.

En fin, los países en los que se juega a la democracia por medio del derecho al voto se han convertido en unos países mafiosos en los que, a menos que sean genios, deportistas profesionales, inversionistas políticos o marrulleros, las personas comunes y corrientes no tienen buenas oportunidades.

## §71

Nunca olvide, especialmente cuando escuche a una persona hablando sobre las supuestas maravillas del derecho al voto, que el derecho al voto únicamente funciona para que los políticos electos puedan realizar acciones superficiales, cosméticas, populacheras (como, por ejemplo, regalar neveras, microondas, fiestas de pueblo y homenajes), irresponsables y, en muchos casos, inmorales.

Le digo eso ya que el derecho al voto, no tiene el poder para cambiar la forma en la que funciona el sistema económico mundial. Debido a eso, usted siempre debe tener en mente que el derecho al voto no puede (ni podrá) cambiar el hecho de que el sistema económico «que hemos construido, y que está en funcionamiento en casi todo el mundo, opera como una máquina succionadora, extrae jugo desde el fondo -los pobres- y lo empuja al tope -los ricos-».<sup>cxi</sup>

## §72

Los políticos, salvo casos excepcionales, que siempre los hay: (a)  son personas intelectualmente mediocres; y (b) no tienen la potencia intelectual para crear ideas brillantes. Y eso es un asunto sumamente llamativo ya que, como Einstein, Newton, Darwin y muchos ganadores del premio Nobel han demostrado, «son las ideas brillantes que tienen los individuos las responsables de los grandes saltos hacia adelante.»<sup>cxii</sup>

Lo antes dicho demuestra que ningún político, salvo casos relacionados con políticos excepcionales (como, por ejemplo, Churchill y Lincoln), es indispensable. Debido a eso, y debido al hecho de que el poder financiero es el que verdaderamente gobierna, cualquier persona mentalmente competente que esté consciente de que no puede cometer actos corruptos, de que tiene que respetar al poder financiero y de que tiene que respetar las libertades del ser humano, puede ocupar un puesto político, especialmente dentro del poder legislativo.

Debido a todo lo arriba escrito, y debido al hecho de que somos más de siete billones de seres humanos, es absurdo que exista la posibilidad de la reelección. Por eso creo que es erróneo y perjudicial eso de que los políticos electos, por medio de la reelección, «continúen haciendo y deshaciendo, viviendo permanentemente en campaña política para quedarse en el poder. Ninguno merece la reelección...».[cxiii]

## §73

Sabemos que en todos los países, y con mayor fuerza en los democráticos, existen unas poderosas castas políticas que, sin importar el derecho al voto, reciben jugosos e envidiables beneficios. También sabemos que en todos los países los políticos les responden a los gerifaltes del poder financiero y, además, a los ricos capitalistas. Es decir, el trabajo de los políticos es obedecer y complacer a los jefes de las multinacionales, a los gerifaltes del poder financiero y a los capitalistas ricos.

Después de eso, el trabajo de los políticos es mantenernos entretenidos por medio de sus escándalos, corruptelas y luchas partidistas. Y no podemos olvidar que, con la finalidad de que la gente común y corriente crea que es importante en un mundo que está bajo el control de capitalistas inmensamente ricos, las élites utilizan el espejismo de la democracia para que los esclavizados votantes elijan a los seres humanos que, mientras las élites gobiernan, mandan y controlan las bóvedas gubernamentales, tienen la tarea de ser los recipientes de las desgracias, sufrimientos y preocupaciones de la gente.

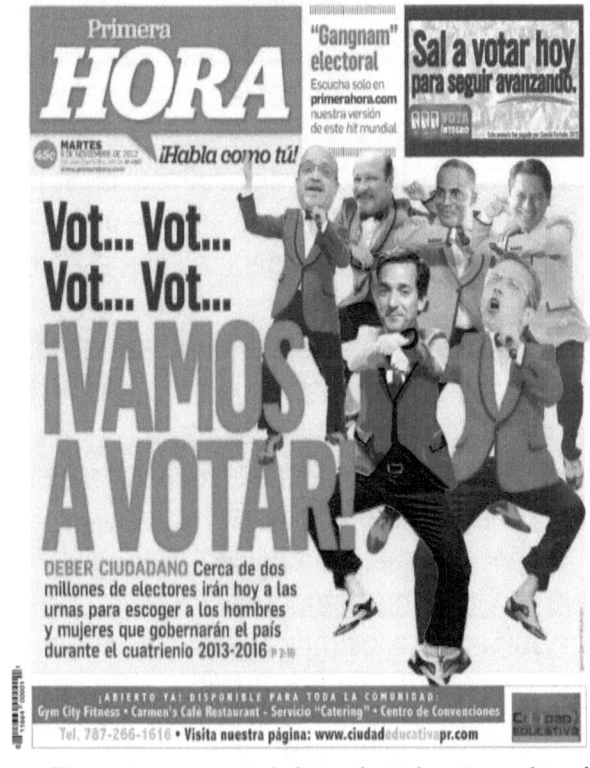

Es por eso que el derecho al voto, además de que permite que la gente común y corriente se desahogue debido a su sufrimiento, poquedad y servidumbre, no es más que el derecho que tienen los esclavizados ciudadanos para, mientras los inmensamente ricos gozan y mandan, seleccionar «a los que van a zaherir, despreciar y hacer objeto de sus chanzas.»[cxiv]

## §74

Lamento tener que decirle que el derecho al voto, especialmente durante las elecciones, no sirve para que la sociedad pueda realizar grandes cambios, particularmente cambios que logren considerablemente minimizar las innumerables injusticias que –como la brecha económica y la brecha en las oportunidades– azotan al país. No olvide que los políticos les responden a unos individuos que, como regla general, no desean grandes cambios. De hecho, sin contar ese proceso que se llama el referéndum revocatorio, las elecciones en los países que dicen ser democráticos se han convertido «en un mecanismo inútil, en un espectáculo inservible, en una vía de legitimación del orden actual.»[cxv]

Es por eso que, por doquier, aunque haya un cambio de Gobierno siempre vamos a ver a los pobres sufriendo, a los muy ricos gozando de injustas ventajas (como la posibilidad de tener cuentas en los paraísos fiscales) y a los políticos ejecutando acciones insignificantes, populacheras y, en muchos casos, corruptas.

En fin, siempre tengan en cuenta que los grandes cambios se logran luchando pacíficamente en las calles. Por medio de las protestas, de las marchas y de las distintas manifestaciones que están protegidas por el derecho a la libertad de expresión y por el derecho a la libre y pacífica protesta, es que se logra (o por lo menos se intenta) presionar a los políticos para que, temiendo perder sus inmerecidos privilegios, realicen algunos de los cambios que los ciudadanos desean.

Ahora bien, es necesario tener en cuenta que las protestas, las marchas y los mecanismos de presión ciudadana, en muchísimas ocasiones, no servirán para que los políticos realicen los cambios que los ciudadanos deseen. Hay ciertos asuntos que, lamentablemente, no pueden ser cambiados por los políticos ni por nadie.

Así, por ejemplo, todos estamos viviendo «en una economía globalizada dirigida por el capitalismo financiero...».[cxvi] Debido a eso, y aunque no nos guste, los políticos que trabajan en países altamente endeudados no pueden hacer nada cuando los gerifaltes del poder financiero, por medio de los Ministerios de Hacienda, imponen planes de austeridad con la finalidad de recuperar una buena parte de los billetes invertidos.

Además, algunos asuntos no pueden ser significativamente alterados cuando muchos políticos reciben dinero por parte de ricos (tanto por personas como por grupos de interés) que no desean que se realicen cambios que significativamente alteren sus intereses. De hecho, los muy ricos utilizan muchos billetes, muchos cabilderos, muchos donativos y muchas ofertas de

*Ismael Leandry-Vega*

empleo (en muchas ocasiones, esas ofertas son para los familiares de los políticos) para que los políticos se comporten como ellos desean.

En fin, aunque podamos cambiar políticos por medio de elecciones y aunque podamos protestar y gritar, siempre debemos tener en mente que «resulta cada vez más difícil llevar a cabo reformas o tomar decisiones políticas de cierto alcance.»[cxvii] Y si la brecha económica sigue creciendo a pasos agigantados, será más difícil que se lleven a cabo reformas de alcance, ya que una fuerte desigualdad económica se convierte, en los países plutocráticos y capitalistas, en desigualdad política.

## §75

Ni el derecho al voto ni los políticos, pueden detener los planes de los capitalistas inmensamente ricos. Aunque votemos y aunque hagamos análisis concienzudos al momento de votar en las elecciones, no podemos (ni podremos) escapar del hecho de que nos han convertido en unos desechables y explotables seres vivientes que estamos al servicio de la economía y de los capitalistas inmensamente ricos.

# Capítulo siete
# Añadidos y apuntes marginales

### §76

No quiero ser aguafiestas, pero las personas que viven en plutocracias necesitan ser gobernadas por élites. De hecho, hoy más que nunca es necesario que seres humanos ricos, brillantes, astutos, fríos, cultos y educados, estén en las verdaderas cabinas de mando mientras los políticos electos, especialmente si son representantes del populismo, hacen sus cosas en las cabinas de mando del poder político.

Sostengo eso ya que cada lustro que pasa la calidad del elector promedio empeora, especialmente en las plutocracias desarrolladas en las que abundan los medios de comunicación que se especializan en los espectáculos. De hecho, es triste tener que reconocer que a pesar de que hay muchas instituciones de educación superior, la mayoría de ellas mediocres y costosas, estamos viviendo (y será peor en el futuro) en «sociedades embrutecidas por el vértigo del consumo, de la técnica, del espectáculo y del ocio.»[cxviii]

Debido a todo eso, se corre el riesgo de que personas inadecuadas y peligrosas se sienten en

---

*Ismael Leandry-Vega*

las sillas gubernamentales más importantes, especialmente en las sillas gubernamentales que tienen todo lo necesario para lanzar bombas nucleares y otras armas de destrucción masiva.

En fin, aunque cometan algunas injusticias y algunos abusos, y aunque se aprovechen de nosotros, es bueno que las plutocracias altamente desarrolladas tengan élites. También es bueno que personas inmensamente ricas y preocupadas por la estabilidad utilicen sus medios de comunicación y sus millones de billetes para, por encima de los deseos de las enfurecidas masas, hacer todo lo que sea necesario con la finalidad de que las sillas más importantes del poder ejecutivo dentro de las plutocracias capitalistas que tienen bombas nucleares y otras poderosas armas de destrucción masiva sean ocupadas por personas competentes.

## §77

Recuerde, sin importar lo que diga el diccionario oficial, que la tiranía tiene muchas caras. Por culpa de las películas, de las series de televisión, de los videojuegos y de otros medios de comunicación, solemos asociar la tiranía con tiranos que, injusta e intencionalmente, matan, mutilan, encarcelan y fastidian.

Sin embargo, la realidad enseña que puede haber una tiranía sin la existencia de un tirano tradicional que intencionalmente nos patee el culo.

De hecho, puede haber una tiranía dentro de un país que, según la creencia del pueblo, sea dizque democrático. Recuerde, en primer lugar, que «el dominio de la minoría sobre la mayoría no es democracia, sino tiranía.»[cxix] Y ese dominio de la minoría sobre la mayoría puede ser, como ocurre en las nuevas tiranías, de índole económico, legal, político, social y laboral.

Es por eso que un país que esté bajo el control de los ricos y que tenga un Gobierno que permita que la riqueza (la mayor parte) termine injusta y abusivamente en manos de unos pocos ricos que se especialicen en explotar a la mayoría por medio de empleos chatarra, subempleo, deudas y políticos marrulleros que respondan a los ricos, es una tiranía solapada o una *neotiranía.*

Y no puede olvidar que en las tiranías solapadas, a diferencia de las flagrantes tiranías, el tirano o los tiranos utilizan el derecho, las legislaturas y las fuerzas policiales para masivamente encarcelar a los pobres que han cometido delitos insignificantes. La finalidad de eso, además de provocar dolor y miedo, es crear una enorme masa de pobres que, una vez liberados, tengan la obligación de proveer brazos baratos. Además, por medio de la encarcelación masiva de pobres se impide que muchos de esos infelices pobres tengan buenas oportunidades para subir por la escalera de las clases sociales.

*Ismael Leandry-Vega*

Tampoco puede olvidar, ya que la tiranía cambia y se ajusta a los tiempos, que una tiranía puede garantizar el derecho a la libertad de expresión. Sin embargo, mientras garantiza el derecho a la libertad de expresión los agentes de inteligencia vigilan, analizan y archivan las expresiones de los ciudadanos.

### §78

Todo país que, según los libros oficiales, sea una supuesta democracia, tiene una élite educada, poderosa, brillante y local que, mientras los dispendiosos políticos se entretienen con sus proyectos, investigaciones, francachelas y amoríos, verdaderamente gobierna detrás de los políticos oficiales. Además, a nivel mundial hay una gran élite suprema que gobierna el mundo y que toma decisiones, especialmente económicas, que afectan a la humanidad.

Dicho eso, cabe realizar la siguiente pregunta. ¿Es necesario que exista una élite que verdaderamente Gobierne? La contestación, aunque no sea agradable, es que sí. Para empezar, no se puede esperar mucho de los políticos electos; tampoco se puede esperar mucho de los funcionarios públicos que, por medio de amoríos, inversiones, amiguismos o sobornos, logran posiciones gubernamentales de alta posición.

No olvide que la gran mayoría de los políticos, en las maravillosas democracias con derecho al voto, está compuesta por mentecatos que lo único que desean es «vivir de los fondos públicos y (...) a costa de los contribuyentes, a cambio de nada o de lanzar ideas vacuas.»ᶜˣˣ Y no se puede olvidar que la gran mayoría de los políticos electos está compuesta por políticos que, para beneficio de la élite, se parecen a las masas.

## §79

Siempre que se hable de democracia se deben incluir dos palabras, a saber, engaño y corrupción. Es necesario incluir engaño ya que, aunque se haya escrito en un viejo documento (popularmente llamado constitución) que la gente tiene derecho a votar, la realidad es que no existe –ni ha existido– un país realmente democrático.

Aunque exista el derecho al voto y aunque los mediatizados líderes de cartón hablen de igualdad, fraternidad y camaradería, la realidad es que los capitalistas inmensamente ricos: (a) son los que mandan; (b) valen más que los infelices y explotables pobres; (c) han creado plutocracias por doquier; y (d) les dan de comer a los políticos.

Sobre la palabra corrupción, le digo que «la corrupción es estructural y es consecuencia directa del sistema político y económico en el cual vivimos.»ᶜˣˣⁱ Es por eso que en los países en los que se juega a la democracia capitalista y endeudada, los políticos utilizan sus posiciones para, con la finalidad de beneficiarse injustamente, ejecutar actos ilegales o inmorales.

Así, por ejemplo, es normal que ocurran muchos casos de nepotismo, clientelismo, amiguismo y enriquecimiento ilícito. Y no puede olvidar que en toda supuesta democracia, aunque sea ilegal y/o inmoral, los políticos hacen todo lo que sea necesario para que algunas de las personas con las que han follado obtengan jugosos contratos y buenos empleos.

Es por eso que los tribunales, los ministerios y las universidades públicas, en las maravillosas democracias, están llenos de marrulleros y marrulleras que obtuvieron sus puestos por el simple hecho de que follaron con políticos, con inversionistas políticos o con amigos cercanos de políticos poderosos.

### §80

Si usted desea participar en los eventos electorales que tienen la finalidad de seleccionar a los legisladores y a la primera silla del poder ejecutivo, le recomiendo que seleccione a políticos que demuestren tener claro: (a) que vivimos bajo un capitalismo globalizado y salvaje; (b) que el poder financiero es el amo del mundo; (c) que se debe hacer todo lo necesario para que los capitalistas hagan negocios en el país; y (d) que las multinacionales más ricas y poderosas «ejercen el auténtico poder...».[cxxii]

Por consiguiente, aléjese de todo maldito político que continuamente hable de patria, nación, y patriotismo. También aléjese de todo político que, obviando que vivimos en la era del capitalismo salvaje y globalizado, intencionalmente quiera perjudicar los intereses de todos los capitalistas ricos y extranjeros.

Recuerde que su insignificante país, que ha sido reducido a la categoría de aldea por medio de la globalización y del capitalismo financiero, necesita de la inversión extranjera. Debido a eso, es necesario que los pícaros y mantenidos que se dediquen a la política trabajen con la finalidad de crear un buen ambiente de negocios.

Si los costosos políticos –por medio de imbecilidades populacheras– no crean o no mantienen un buen ambiente de negocios, los inversionistas extranjeros mirarán para otro lado y buscarán países que hayan creado un buen ambiente para los negocios.

Ahora bien, crear un buen ambiente de negocios no es lo mismo que permitir que los capitalistas extranjeros destruyan el país por medio de la contaminación ambiental y por medio de la destrucción ambiental. Tiene que haber un balance entre desarrollo, inversión y protección ambiental.

*Ismael Leandry-Vega*

## §81

En tiempos de crisis, lo mejor que uno puede hacer es tratar de obtener la amistad de un político. Y si se obtiene el amor de un político, aunque sea como amante, mucho mejor. Digo eso ya que en tiempos de crisis, los políticos siguen cobrando sus jugosos salarios y siguen obteniendo –tanto los legales como los ilegales– sus inmerecidos beneficios. Además, aunque se esté en tiempos de crisis, los políticos que sean parte del partido político que tenga el timón del poder político, suelen tener voz y voto a la hora de regalar (o vender) contratos gubernamentales.

Debido a eso, si uno es amante o amigo cercano de un político es probable que uno pueda obtener, inclusive en tiempos de crisis, un buen empleo o un buen contrato (como, por ejemplo, un contrato de asesoría) con el Gobierno. Y lo mejor de ello es que, se puede obtener todo lo antes mencionado sin tener méritos intelectuales.

Es posible que algunos piensen que lo arriba escrito es inmoral. Pues bien, lamento tener que decirles a esas personas que, aunque es cierto que la acción de utilizar el enchufismo es un acto inmoral, vivimos en el mundo del enchufismo, de la partidocracia y de la marrullería. Y como eso es y siempre será de esa manera, es necesario hacer todo lo que sea necesario para obtener el favor de un político.

Las recompensas de lo arriba sugerido, si todo sale bien, pueden ser buenísimas, especialmente en tiempos de crisis. Si hay dudas sobre eso, usted puede analizar cuidadosamente lo que está ocurriendo en países, estados o ciudades que están sufriendo consecuencias desastrosas por culpa de la crisis económica.

En esos países, como España, Grecia y Puerto Rico, usted podrá ver que mientras los políticos y sus amigos del alma –entre esos amigos están los y las amantes– ganan buenos billetes por medio de las cajas gubernamentales, los ciudadanos de a pie sufren por culpa del «aumento de impuestos, la falta de servicios, el rompimiento de familias por la emigración obligada, el aumento en las crisis sociales, la incertidumbre de (...) no recibir salario.»[cxxiii]

## §82

La política, en los países en los que se juega a la democracia, es un asunto bien curioso. En esos países, es común que la gente se queje debido a la mala calidad de los políticos. De hecho, no es raro que la gente diga que los políticos electos –no todos– son imprecisos, vulgares, deshonestos, aprovechados y, sobre todo, intelectualmente mediocres.

Ahora bien, lo interesante de ese asunto es que los políticos que ganan en los eventos electorales, suelen ser claros reflejos de las personas que votaron por ellos.[cxxiv]Es decir, si la gran mayoría de los políticos está compuesta por seres que son obscenos, marrulleros, imprecisos e intelectualmente mediocres, eso demuestra que la gran mayoría de la gente que votó por esos políticos, aunque no puedo decir que sean vagos, está compuesta por mentirosos, fanáticos y seres intelectualmente mediocres.

### §83

La política, desde hace bastante tiempo ya, es utilizada por personas intelectualmente mediocres con la finalidad de obtener dinero y fama (aunque sea local). Es por eso que los políticos –la mayoría– suelen ser personas que no tienen el poder intelectual necesario para, como hacen los buenos administradores, lidiar adecuadamente con los problemas que se presenten.[cxxv] Y es por eso que, además, los políticos suelen ser unos mamarrachos que no tienen el poder intelectual para, ya sea por medio de investigaciones, estudios, mensajes o proyectos de ley adecuadamente fundamentados, educarnos sobre temas importantes.

En fin, es necesario que usted tenga en cuenta que los políticos, salvos las siempre existentes excepciones, no suelen tener los méritos intelectuales para ocupar sus posiciones políticas. De hecho, en todo país en el que se juega a la democracia defectuosa usted podrá ver que la gran mayoría de los políticos está compuesta por marrulleros que, a pesar de que no tienen los méritos intelectuales para «mantenerse a sí mismos y triunfar, son premiados con bienes y servicios pagados con la riqueza confiscada a un número cada vez más reducido de buenos productores.»cxxvi

## §84

Usted, que está cerca de la muerte, no debe participar en eventos político-partidistas en los que, como ocurre en las caravanas políticas durante el período de la campaña política, haya mucha gentuza. Recuerde: (a) que el político no está interesado en usted; (b) que las turbas políticas no están interesadas en usted; y (c) que todo político que esté buscando un puesto político dirá una sarta de embustes en los eventos político-partidistas para que usted, como todo un imbécil, le brinde su apoyo durante la elección.

Pero más importante es el hecho de que usted es un animal mortal con poco tiempo de vida, lo que significa que «cada (tic-tac) es un segundo de la vida que pasa, huye, y no se repite.»cxxvii Y como eso es así, no creo equivocarme si le digo que usted, en vez de participar en las indicadas actividades políticas, debería realizar otras acciones más interesantes.

Ahora bien, si usted va a dichas actividades ya que le debe su trabajo a un político, o debido al hecho de que usted está buscando un buen empleo por medio de un candidato que sea amigo o conocido suyo, entonces no se pierda ninguna de esas actividades políticas. Recuerde que buscar (o si lo tiene, mantener) un puesto de trabajo que brinde comida, techo, agua y billetes es, innegablemente, una de las tareas más importantes de la corta vida.

## §85

En este planeta «los pobres se mueren de hambre y la gente mira para otro lado.»[cxxviii] Y dentro de toda esa gente que mira para otro lado cuando se topa con el sufrimiento y con el hambre, hay políticos electos. De hecho, la gran mayoría de los políticos electos está constituida por egoístas y embusteros que, mientras los ciudadanos de a pie sufren y malcomen: (1) ganan salarios altísimos; y (2) participan en francachelas pagadas con fondos públicos.

## §86

Todas las supuestas democracias – lógicamente, unas más que otras– les pertenecen a los gerifaltes del poder financiero. Debido a eso, ningún Gobierno puede tomar acciones en beneficio de la gente sin tener en cuenta, en primer lugar, los intereses del gran poder financiero. No olvide que los países que, por medio de sus políticos, toman la decisión de poner los intereses del pueblo por encima de los intereses del gran poder financiero, suelen terminar –como saben los amigos de Grecia, Puerto Rico y Argentina– fastidiados, arrodillados y, sobre todo, suplicando por ayuda.

Usted, aunque no esté de acuerdo con lo antes escrito, debe tener lo antes escrito en cuenta cuando vaya a depositar sus votos en las cajas, urnas o máquinas –o lo que sea que se utilice– durante los eventos electorales para seleccionar a todos esos patrañeros que suelen ser llamados los honorables políticos.

Por eso es que usted, que ahora sabe que el poder financiero tiene el poder para arrodillar a los pueblos, debe desconfiar de los candidatos que no reconozcan el poder que tiene el poder financiero en esta economía globalizada. De hecho, usted no debe seleccionar políticos que prometan aumentos «del gasto público sin tener en cuenta la deuda pública pendiente, sus intereses y las condiciones que nos imponen nuestros acreedores...».[cxxix]

## §87

Si usted vive en un país altamente endeudado y no le debe su trabajo o su fortuna a un político, usted no se debe entusiasmar demasiado por los eventos eleccionarios. Recuerde que si un país está altamente endeudado, «menos lo gobierna el Gobierno y más lo gobiernan los acreedores.»[cxxx]

## §88

El votante promedio suele tener pensamiento de tribu y siempre desea que su partido político, aunque tenga políticos mediocres y políticos que hayan estado involucrados en actividades turbias, gane los eventos electorales. Es por eso que el votante promedio, de ganar su partido político favorito, termina convirtiéndose en un fanático que no está interesado en hacer «preguntas o cuestionar lo que hacen nuestros gobernantes y repite como papagayo lo que dicen los *yihadistas* de su partido...».[cxxxi]

Para ese tipo de votante las elecciones son unas competencias que, como los juegos de balompiés, deben ser ganadas como sea. Además, ese tipo de votante no está interesado en que los votantes escojan a los mejores candidatos, lo que desea es que su partido político gane las elecciones y, como una buena tribu, llene las altas y medianas esferas gubernamentales con miembros del partido.

Y el votante promedio desea que las altas y medianas esferas gubernamentales sean llenadas con miembros del partido ya que piensa que, de tener alguna necesidad o algún problema, podría obtener beneficios indebidos por parte de empleados gubernamentales que sean parte de su mismo partido político.

## §89

Si usted quiere ver una tragedia de grandes proporciones, específicamente una tragedia del pensamiento, observe lo que ocurre en los Estados Unidos de América una vez comienza el período de las campañas políticas que están relacionadas con la presidencia y con la vicepresidencia. Una vez comienza dicho periodo uno puede ver que millones de ciudadanos de a pie, olvidando que «Wall Street y los multimillonarios (...) pueden comprar elecciones»,[cxxxii] se entusiasman.

Dicho entusiasmo es tal que muchos ciudadanos de a pie, olvidando que los políticos de alto nivel no son más que títeres de las grandes multinacionales y de los jefazos del poder financiero,[cxxxiii] participan en actividades político-partidistas. Y ese entusiasmo llega al extremo de que muchos ciudadanos de pie, se involucran en peleas, discusiones y griterías.

La cuestión trágica en todo eso está en que el poder, por medio de sus tácticas de embrutecimiento masivo, le ha hecho creer a los ciudadanos de a pie de los Estados Unidos de América que ellos (los explotables ciudadanos de a pie) tienen importancia en los asuntos eleccionarios que están relacionados con la presidencia y vicepresidencia de dicho país.

Eso es una tragedia del pensamiento ya que, a estas alturas de la existencia, los entendidos han demostrado que los ciudadanos de a pie no valen nada en los asuntos que están relacionados con las elecciones para seleccionar al presidente y al vicepresidente de los Estados Unidos de América.

Además, desde hace bastante tiempo ya, se sabe que los Estados Unidos de América es una plutocracia en la que «las decisiones políticas en el país no se toman de acuerdo con la voluntad de la mayoría de sus ciudadanos, sino únicamente para promover los intereses de la élite económica.»[cxxxiv]

Por consiguiente, en lugar de entusiasmarse, los ciudadanos de a pie de los Estados Unidos de América deberían enfurecerse cada vez que comience un nuevo ciclo electoral. De hecho, deberían tomar las calles para masivamente protestar por el hecho de que las elecciones para seleccionar al presidente y al vicepresidente, «que debieran fortalecer la democracia, tienen el resultado determinado por la capacidad económica de los candidatos o de sus patrocinadores.»[cxxxv]

## §90

Estados Unidos de América, donde los «crímenes corporativos son rentables»,[cxxxvi] es un buen ejemplo de que el pensamiento mágico está presente en los asuntos que están relacionados con la política. Estados Unidos de América, además, es un buen ejemplo de que las instituciones de educación superior no pueden (ni podrán) minimizar el pensamiento mágico entre los ciudadanos. Voy a examinar esto un poco más de cerca.

El pensamiento mágico, en apretada síntesis, es una «forma de pensar que se basa en la imaginación, las tradiciones, las emociones o la fe, lo que hace que sus expresiones carezcan de una argumentación lógica.»[cxxxvii]

Pues bien, Estados Unidos de América –al igual que muchos otros países plutocráticos y capitalistas– es una plutocracia en la que millones de habitantes, por culpa de la imaginación, de las tradiciones, de las emociones y de los embustes que se dicen en los medios de comunicación, creen que los ciudadanos de a pie tienen valor a la hora de seleccionar a las personas que ocuparán las sillas gubernamentales más importantes.

Además, millones creen que el Gobierno siempre pondrá en primer lugar las necesidades de los ciudadanos de a pie. Y millones son los que, a pesar de haber recibido algún grado de educación superior, creen que *EE. UU.* es una ejemplar democracia que está al servicio de todos por igual.

Pues bien, todas esas creencias políticas –y muchas otras– son parte del pensamiento mágico. De hecho, toda persona que manifieste lo anterior no ha hecho más que expresar, en este tiempo en el que el dinero habla y reina, palabras que carecen de una argumentación lógica. En primer lugar, Estados Unidos de América es un país en el que los ciudadanos de a pie no tienen «ninguna influencia sobre la política»,[cxxxviii] especialmente sobre la política de alto nivel.

La política de alto nivel, aunque los candidatos se parezcan a Donald Trump, es un asunto que está en manos de banqueros multimillonarios, de capitalistas multimillonarios y, sobre todo, de opulentos que dirigen firmas de correordurías de bolsa, gestores de fondos, fondos de cobertura y negocios similares.

Es por eso que en Estados Unidos de América, aunque la gente se emocione al escuchar, decir o escribir las babosadas que dijo Lincoln sobre el gobierno del pueblo, para el pueblo y por el pueblo, los eventos electorales que están relacionados con puestos de alto nivel (presidente, vicepresidente y la mayoría de los legisladores) son unas exclusivas y costosas batallas que ocurren entre unos multimillonarios y millonarios que, divididos en dos o en tres facciones, «invierten millones de dólares en las campañas de los candidatos de su elección.»[cxxxix]

En otras palabras, Estados Unidos de América es una plutocracia desarrollada en la que las elecciones que están relacionadas con las sillas gubernamentales más importantes, son parte de un exclusivo y costoso juego de poder entre personas inmensamente ricas.

Es por eso que en el indicado país, donde el poder del dinero ha ocupado «el lugar de la verdadera democracia»,[cxl] los pobres ciudadanos de a pie no cuentan, no valen y no importan. Para lo único que importan los ciudadanos a pie, dentro de ese costoso juego de poder, es para fortalecer el espejismo de la democracia y, sobre todo, para limpiar las calles y los edificios que sean utilizados durante los eventos electorales.

Por otro lado, también es parte del pensamiento mágico eso de creer que el Gobierno es del pueblo, para el pueblo y por el pueblo. La realidad es que el Gobierno de Estados Unidos de América es un Gobierno de los ricos, para los ricos y por los ricos. Es por eso que las personas que tienen un buen pensamiento crítico, que cada vez son menos, pueden notar que la «balanza política» está inclinada «en dirección al capital.»[cxli]

Por último, tengo que mencionar que la fe es parte del pensamiento mágico. Y si aplicamos eso dentro de la política de *EE. UU.* veremos que los pensadores mágicos, careciendo de un pensamiento lógico, piensan que los altos funcionarios de su Gobierno trabajarán honradamente para beneficiar a todos por igual.

Sin embargo, la realidad siempre demuestra que los políticos de alto nivel –no todos, por

*Ismael Leandry-Vega*

supuesto– trabajan duramente para beneficiar a los capitalistas inmensamente ricos que adoran regalar billetes y puestos de trabajo.

Y no podemos olvidar que los políticos estadounidenses de alto nivel, una vez juramentan: (a) se olvidan –a menos que sean asuntos populacheros– de los problemas y de las necesidades de los ciudadanos de a pie; (b) utilizan muchas horas para complacer a los magnates de Wall Street, del complejo médico-industrial y de los combustibles fósiles.[cxlii]

Y esto último, es un asunto que no les causa sorpresa a las personas que tienen un buen pensamiento crítico. Entre otras razones, porque esas personas saben que los políticos estadounidenses –al igual que muchos políticos de otros países capitalistas– tienen su precio y los mencionados magnates siempre están «ahí, usando su dinero para comprar influencias.»[cxliii]

### §91

En Puerto Rico, donde el dinero del narcotráfico se ha convertido en un componente importante de la economía, «las elecciones son una burla.»[cxliv] Y son una burla ya que los políticos electos, ya sean del Partido Popular Democrático o del Partido Nuevo Progresista, utilizan el poder político para ejecutar acciones mafiosas. Así, por ejemplo, los políticos de Puerto Rico utilizan sus posiciones para vender puestos judiciales, puestos universitarios y puestos gubernamentales. También es conocido el hecho de que los políticos utilizan el poder político para, inmoralmente, favorecer a sus amigos, donantes, amantes y familiares.

## §92

Todos sabemos que «los populistas, de derechas o de izquierdas, ofrecen soluciones falsas a problemas reales.»[cxlv] Pues bien, los políticos de Puerto Rico son tan mediocres que se especializan en el populismo. Desde el manejo de la criminalidad hasta la utilización de fondos públicos, los políticos puertorriqueños se han especializado en utilizar fondos públicos y empleados públicos para, imbécilmente, lidiar con un sinnúmero de situaciones. Como resultado de eso, vemos que los problemas reales de Puerto Rico nunca han sido atendidos con la seriedad que ameritan.

## §93

En Puerto Rico, al igual que en muchas otras partes de este mundo, la política es percibida como una «actividad mediocre y sucia, que repele a los más honestos y capaces, y recluta sobre todo a nulidades y pícaros que ven en ella una manera rápida de enriquecerse.»[cxlvi]

Pues bien, es lógico que los habitantes de Puerto Rico piensen de esa manera. Esto se debe al hecho de que los políticos de Puerto Rico, generalmente, no se distinguen por ser muy inteligentes. De hecho, los políticos de Puerto Rico siempre se han distinguido –por ser parte de las nulidades y pícaros que ven en la política una manera rápida de enriquecerse– por su vaguería, deshonestidad y bajeza intelectual.

## §94

En Puerto Rico, al igual que en casi todo país, la política es un gran negocio. Por medio del poder político: (1) se tiene acceso a millones de dólares; y (2) se reparten millones de billetes entre amigos, compadres, putas, donantes y políticos derrotados.

Es por eso que los políticos de Puerto Rico, siempre se han caracterizado por hacer todo lo que esté en sus manos para alcanzar y/o mantener el poder político. Lo más triste sobre eso es que el político puertorriqueño es tan malo que, sin pensar en el mejor bienestar del pueblo, hace todo lo que esté en sus manos para evitar que las buenas ideas de los miembros del partido contrario puedan ser analizadas y, posteriormente, convertidas en leyes.

Inclusive, es normal que el político puertorriqueño llegue al absurdo, especialmente cuando hay un cambio de mando político, de dejar sin efecto algunas de las buenas acciones que fueron ejecutadas por miembros del partido saliente. Es decir, cada vez que hay un cambio partidista en el poder ejecutivo y en el poder legislativo, se dejan sin efecto algunas de las buenas acciones (incluyendo planes a largo plazo) que tomó el partido saliente.

En fin, la Ciencia Política siempre nos ha enseñado que los costosos «políticos (…) levantan muros a los del otro bando.»[cxlvii] Y en Puerto Rico, en donde muchos pícaros han conseguido una buena vida por medio del dinero del pueblo, eso es un asunto normal.

### §95

Puerto Rico, es un horrendo lugar en el que «los partidos usan el servicio público para levantar fondos y hacer campañas.»[cxlviii] Y lo más lamentable sobre eso es que, siempre se está en campaña política dentro del servicio público. Es por eso que tan pronto los nuevos vividores toman la cabina de mando del Gobierno, no pasa mucho tiempo y los fanáticos de los partidos comienzan con sus actividades partidistas dentro de las agencias gubernamentales. De hecho, durante el mismo año en el que ocurre el cambio de gobierno los fanáticos de los partidos comienzan con sus actividades de recaudación de fondos.

### §96

En los países en los que se juega a la democracia indirecta, «la democracia representativa se fue vaciando hasta vaciarse del todo y generar un alejamiento completo entre

Estado y sociedad.»<sup>cxlix</sup> Y en Puerto Rico, hay un total alejamiento entre Gobierno y sociedad.

Digo eso ya que los políticos electos se olvidan de los buenos valores y hacen todo lo que esté en sus manos para favorecer a sus amigos. Además, es usual que los políticos se alejen de los deseos de la sociedad y terminen tomando acciones promovidas por pequeños grupos, especialmente por grupitos que tienen cabilderos y acceso a los medios de comunicación.

Además, es lamentable ver que los políticos de Puerto Rico se alejan de los deseos de la sociedad cuando dichos deseos, aunque sean buenos, chocan con los intereses de los donantes poderosos o con los intereses de los grupos que, como las malditas iglesias, suelen representar muchos votos.

### §97

«En los países donde impera la democracia se espera que los gobernantes tomen decisiones buscando el bienestar de todos los ciudadanos...».<sup>cl</sup> Pero en Puerto Rico, los ciudadanos que no somos fanáticos esperamos que los gobernantes tomen decisiones buscando el bienestar de sus amantes, donantes, amigos, compadres y familiares. Es triste, pero esa ha sido la cruda realidad en Puerto Rico.

Es por eso que, aquí en Puerto Rico, creer que los políticos trabajan buscando el mejor bienestar del pueblo es parte del pensamiento mágico. De hecho, la inmensa mayoría de los políticos siempre ha estado compuesta por individuos que no saben lo que es buscar el bienestar de todos los ciudadanos.

## §98

«Cuando los políticos eligen selectivamente a qué expertos —o, en muchos casos, expertos— escuchan, hay muchas probabilidades de que elijan mal.»[cli] Y aquí en Puerto Rico, es normal que los políticos que estén en la cabina de mando seleccionen y escuchen a los peores expertos. Es por eso que casi todos los problemas que aquejan al pueblo de Puerto Rico, suelen ser atendidos por medio de acciones que son acientíficas, absurdas y populistas.

Así, por ejemplo, mientras los buenos peritos llevan décadas hablando sobre la legalización, medicalización y despenalización de las drogas, los políticos han seleccionado a los imbéciles que adoran la mano dura, la militarización de las agencias del orden público y las duras penas.

Y en el caso de la economía, los inútiles políticos de Puerto Rico siempre han demostrado que escuchan a los peores especialistas. Buena prueba sobre ello es que los cabrones políticos endeudaron a Puerto Rico «por $70,000 millones, pero no fue para inversión lógica, sino en malgasto...».[clii]

## §99

Puerto Rico ha estado gobernado por tramposos, embusteros, mediocres y populistas. Y tenga en cuenta que cuando hablo de populistas, no me refiero a los políticos que sabiamente critican el estado actual de las cosas para tratar de que algunos asuntos cambien para bien. Aquí estoy hablando del político que hace promesas «a sabiendas de que es imposible de que sean cumplidas...».<sup>cliii</sup>

## §100

Puerto Rico es un corrupto y violento territorio estadounidense en el que, entre otros males, se penaliza la inteligencia y, sobre todo, el amor por la sabiduría, el estudio y el conocimiento. Y lo más triste sobre eso es que, ese tipo de pensamiento está presente hasta en el servicio público.

De hecho, los procesos de reclutamiento en el Gobierno de Puerto Rico son tan malos que los candidatos son sopesados por sus respectivas afiliaciones políticas, no por la preparación, experiencia y aptitud para el servicio público.

Además, es conocido el hecho de que muchos puestos de trabajo dentro del Gobierno de Puerto Rico son vendidos. Cabe mencionar que esa compra y venta de puestos, que está presente hasta en la judicatura, está estrechamente relacionada con los donativos políticos.

Y no puedo dejar de mencionar que, en Puerto Rico, el nepotismo y el amiguismo también están por encima del conocimiento y de la sabiduría durante los procesos de reclutamiento. Es por eso que, por ejemplo, una exnovia de un jefe de agencia gubernamental y un hijo de un alcalde tienen, por encima de candidatos que tengan doctorados de Harvard o de Oxford, más posibilidades de conseguir buenos puestos de trabajo dentro del Gobierno.

En fin, los amañados procesos de reclutamiento dentro del Gobierno de Puerto Rico han provocado que las mejores mentes, salvo las siempre existentes excepciones, no suelan tener espacio dentro del servicio público.

## §101

Si usted piensa votar en las próximas elecciones, le recomiendo que saque tiempo: (1) para analizar con sumo cuidado a los candidatos; y (2) para cuidadosamente analizar las propuestas de los candidatos. Al hacer eso, no olvide que usted tiene la obligación de eliminar a todos los candidatos que, a todas luces, sean malos, embusteros, marrulleros y megalómanos.

Además, usted está obligado a eliminar de su lista de favoritos a los candidatos que, claramente, sean unos desalmados demagogos. Recuerde que los demagogos, además de odiosos, pueden resultar peligrosos. Le digo eso ya que para el político demagógico, «lo que importa es el discurso de la emoción, de la pasión, que con facilidad deriva en la insidia, el insulto, la descalificación, la violenta condena de quien piensa distinto.»[cliv]

## §102

«*EE. UU.* es un Estado unipartidista, del partido de los negocios.»[clv] Además, *EE. UU.* es una plutocracia desarrollada en la que los dueños de los grandes negocios, especialmente los titanes de *Wall Street*, tienen innumerables recursos para que el presidente de EUA, al igual que la mayoría de los congresistas, se ajusten a sus deseos.

Es por eso que, por ejemplo, un presidente populista, multimillonario, simplón y agresivo, aunque puede hacer algunos cambios, nunca podrá perjudicar severamente los intereses de los dueños de los grandes negocios para significativamente beneficiar a la clase media y a explotados pobres que proveen brazos baratos.

## §103

El derecho al voto es, obviamente, un derecho. Y por ser un derecho, las personas que tienen la edad legal para poder votar pueden renunciar a dicho derecho. Además las personas que, durante una elección general o durante una consulta popular, toman la decisión de renunciar a su derecho al voto no tienen que dar explicaciones.

Todo esto viene a cuento porque deseo decirle que el voto obligatorio, francamente y a todas luces, no es compatible con la teoría de la democracia. Además, obligar a una persona a votar es una flagrante violación a sus libertades.

## §104

Vivimos en un mundo en el que «la mayoría de los adultos, incluso en países ricos, se van a la cama preocupados por cómo pagar sus facturas.»[clvi] Y todos esos adultos que viven con esas preocupaciones (cada factura que no pueden pagar, es una preocupación), observan que algunos adultos ricos y poderosos se van a sus costosas camas sin pagar los impuestos correspondientes, escondiendo muchos billetes en los paraísos fiscales y, en el caso de que sean empresarios, haciendo planes para precarizar el trabajo y destruir puestos de trabajo.

Además, los adultos que se van a la cama preocupados por cómo pagar sus facturas notan que los altos funcionarios del Gobierno, descaradamente, aprueban que los mencionados ricos y poderosos hagan todo lo antes escrito.

Pues bien, cuando las personas comunes y corrientes observan todo lo antes mencionado no es raro que, en el caso de que vivan en una plutocracia disfrazada de democracia, busquen un político que, aunque tenga muchos defectos, prometa poner en su sitio a los mencionados ricos y poderosos.

*Ismael Leandry-Vega*

Cuando las personas comunes y corrientes que se van a la cama preocupados por cómo pagar sus facturas encuentran a su político salvador, ignoran los defectos de ese político, depositan sus esperanzas en ese político y, aunque los principales medios de comunicación digan que ese político es pésimo y peligroso, salen a votar por su político salvador y castigador del *establishment.*

El problema con ese tipo de voto, es que está cimentado en la esperanza y en el castigo. Y ese voto *esperanza-castigo* puede llevar a los votantes a descartar, ya sea por razón de que pertenezcan al abusador *establishment* o por razón de que sean políticos realistas, aburridos y experimentados, a personas sabias para favorecer a personas peligrosas, inestables y causantes de sufrimientos.

Un buen ejemplo de eso, lo encontramos en Perú. Allí, «en 1990, los candidatos Alberto Fujimori y Mario Vargas Llosa contendieron por la presidencia de Perú.»[clvii] En esa elección, los votantes castigaron a Vargas Llosa por razón de que él demostró que era más inteligente que la masa y, sobre todo, por razón de que él compartía con los ricos y refinados miembros del *establishment.* Como resultado de esa sandez electoral los peruanos obtuvieron, en lugar de un salvador que lo mejoraría todo, un cruel y corrupto dictador.

# Referencias

[i]Noam Chomsky, según citado en: Fernández, E. (2016). **Los actores del orden contemporáneo**. España, Unión Europea: *El Periódico de Aragón*. Consultado el 22 de agosto de 2016, de http://www.elperiodicodearagon.com/noticias/opinion/actores-orden-contemporaneo_1130257.html.

[ii]Tim Robbins, según citado en: Cuéllar, M. (2012). **A estas alturas no sé realmente lo que es la democracia**. Madrid, España: *El País*. Consultado el 30 de diciembre de 2014, de http://cultura.elpais.com/cultura/2012/04/04/actualidad/1333561732_226088.html.

[iii]Gloria Ruiz Kuilan. **PNP rechaza aspirante por detrimento de carácter**. (2016). Guaynabo, Puerto Rico.: *El Nuevo Día*. Recuperado el 3 de noviembre de 2016, de http://www.elnuevodia.com/noticias/politica/nota/pnprechazaaspirantepordetrimentodecaracter-2158216/.

[iv]Zepeda, J. (2015). **Entre Jimmy Morales y el Bronco**. Madrid, España: *El País*. Consultado el 3 de noviembre de 2015, de http://internacional.elpais.com/internacional/2015/10/29/mexico/1446074868_302716.html. También debe leer: Flórez, C. (2016). **La lucha contra la desfachatez**. Cartagena, Colombia: *El Universal*. Consultado el 30 de enero de 2016, de http://www.eluniversal.com.co/opinion/columna/la-lucha-contra-la-desfachatez-9862.

[v]Hiram Guadalupe. (2015). **Candela que quema**. Caguas, Puerto Rico.: *Metro*. Consultado el 5 de mayo de 2016, de http://www.metro.pr/blogs/columna-de-hiram-guadalupe-candela-que-quema/pGXokp!qXhfgF3ncw7Og/. También debe leer: Cantero-Frau, R. (2016). **El guiso**. Guaynabo, Puerto Rico.: *El Nuevo Día*. Consultado el 3 de mayo de 2016, de http://www.elnuevodia.com/opinion/columnas/elguiso-columna-2192042/.

[vi]**Colonialismo 2.0: Cómo las grandes corporaciones manejan los hilos del mundo**. (2016). Moscú, Rusia.: *Russia Today (RT)*. Consultado el 30 de marzo de 2016, de https://actualidad.rt.com/programas/zoom/202821-colonialismo-grandes-corporaciones-manejan.

[vii]Vea las ideas del Dr. Noam Chomsky, lingüista y filósofo estadounidense, en: Segovia, M. (2016). **Marginados, indignados y desencantados: la crisis de la democracia mundial también golpea a Chile**. Chile, Latinoamérica: *El Mostrador*. Consultado el 10 de noviembre de 2016, de http://www.elmostrador.cl/noticias/pais/2016/11/03/marginados-indignados-y-desencantados-la-crisis-de-la-democracia-mundial-tambien-golpea-a-chile/.

[viii]Dr. Teresa Forcades, teóloga y doctora en Medicina, en: Colau, A. (2015). **La monja Forcades quiere acabar con el capitalismo y reformar la Iglesia**. España, Unión Europea: *El Confidencial*. Consultado el 23 de junio de 2015, de http://www.elconfidencial.com/espana/2015-06-07/la-monja-forcades-propugna-acabar-con-el-capitalismo-y-critica-a-la-iglesia_873373/.

[ix]Armando B. Ginés. **El efecto placebo de la vieja socialdemocracia**. (2014). España, Unión Europea.: *Diario Octubre*. Consultado el 1 de mayo de 2015, de http://www.diario-octubre.com/2014/12/15/el-efecto-placebo-de-la-vieja-socialdemocracia/.

[x]**¿Puede haber democracia sin votos?** (2015). Londres, Reino Unido: *British Broadcasting Corporation (BBC)*. Consultado el 3 de mayo de 2016, de http://www.bbc.co.uk/mundo/noticias/2015/02/150115_internacional_dia_democracia_alternativas_tsb

[xi]El expresidente de Uruguay, José Mujica, en: **Entrevista con José Mujica: Es difícil construir edificios socialistas con albañiles capitalistas**. (2016). Moscú, Rusia.: *Russia Today (RT)*. Consultado el 3 de mayo de 2016, de https://actualidad.rt.com/programas/entrevista/198421-entrevista-jose-mujica-america-latina.

[xii]Mendoza, M.G. & Napoli, V. (1990). **Sociedad y cultura contemporánea**. Bogotá, Colombia. *Editorial Mcgraw-Hill,* pág.175.

[xiii]Israel Rodríguez Sánchez. **Mal visto el nombramiento de derrotados a juntas y agencias del gobierno**. (2012). Guaynabo, Puerto Rico.: *El Nuevo Día*. [Versión electrónica]. También debe leer: **Todo en familia: las dinastías políticas de América Latina**. (2011). Londres, Reino Unido.: *British Broadcasting Corporation (BBC)*. Recuperado el 30 de diciembre de 2011, de http://news.bbc.co.uk/hi/spanish/news/.

[xiv]Tarso Genro, político brasileño, en: Elola, J. (2013). **Hay que crear nuevas formas de participación directa**. Madrid, España: *El País.* Consultado el 30 de diciembre de 2015, de http://internacional.elpais.com/internacional/2013/08/07/actualidad/137 5887555_570806.html.

[xv]Savater, F. (1982). **La lección de Maquiavelo**. Madrid, España: *El País*. Consultado el 3 de mayo de 2015, de http://elpais.com/diario/1982/02/11/opinion/382230010_850215.html.

[xvi]Régis Debray, pensador francés, en: Elola, J. (2016). **Régis Debray: Los economistas siembran guerras, deben ir al tribunal**. Madrid, España: *El País.* Consultado el 30 de julio de 2016, de http://cultura.elpais.com/cultura/2016/06/13/actualidad/1465842268_60 4818.html.

[xvii]Susan George, filósofa y escritora norteamericana, en: Elola, J. (2013). **Un sistema financiero sin control nos lleva al precipicio**. Madrid, España: *El País*. Consultado el 30 de mayo de 2015, de http://internacional.elpais.com/internacional/2013/07/31/actualid ad/1375269264_738518.html.

[xviii]Dr. Teresa Forcades, teóloga y doctora en Medicina, en: Colau, A. (2015). **La monja Forcades quiere acabar con el capitalismo y reformar la Iglesia**. España, Unión Europea: *El Confidencial*. Consultado el 23 de junio de 2015, de http://www.elconfidencial.com/espana/2015-06-07/la-monja-forcades-propugna-acabar-con-el-capitalismo-y-critica-a-la-iglesia_873373/.

[xix]Rafael Castro Pereda. (1997). **Prudencia**. Guaynabo, Puerto Rico. *El Nuevo Día*. Información consultada el 23 de septiembre de 2014, de http://www.adendi.com/archivo.asp?num=309180&year=1997&month= 10&keyword.

[xx]Ruiz, E. (2016). **Atentado al sistema de méritos**. Guaynabo, Puerto Rico.: *El Nuevo Día*. Recuperado el 30 de julio de 2016, de http://www.elnuevodia.com/opinion/columnas/atentadoalsistemademerit os-columna-2224928/.

[xxi]Rodríguez, S.D. (2016). **Plaga de piñas**. San Juan, Puerto Rico.: *Noticel*. Consultado el 29 de julio de 2016, de http://www.noticel.com/blog/192496/plaga-de-pinas.html.

[xxii]Dr. Ricardo Rosselló, doctor en bioingeniería por la Universidad de Michigan y profesor del Sistema Universitario Ana G. Méndez, en: Ricardo Cortés Chico. **Ricardo Rosselló: No voy a despedir empleados**. (2015). Guaynabo, Puerto Rico.: *El Nuevo Día*.

---

Consultado el 30 de septiembre de 2015, de http://www.elnuevodia.com/noticias/politica/nota/ricardorossellonovoya despediremplealos-2101451/.

[xxiii]Rivera-Trejo, A.(2014). **Padrinazgo político y administración pública**. Zacatecas, México: *NTR Zacatecas*. Consultado el 22 de enero de 2016, de http://ntrzacatecas.com/2014/01/27/padrinazgo-politico-y-administracion-publica/.

[xxiv]Dr. Edmund Phelps, premio Nobel de Economía y catedrático de la Universidad de Columbia en Nueva York, según citado en: Fajardo, L. (2015). **Edmund Phelps, Nobel de Economía: Perdonar la deuda a Grecia no es solución**. Londres, Reino Unido: *British Broadcasting Corporation (BBC)*. Consultado el 11 de noviembre de 2016, de http://www.bbc.com/mundo/noticias/2015/07/150720_economia_entrevi sta_phelps_grecia_deuda_lf.

[xxv]Sullivan, M. (2016). **Por qué voté por Trump**. New York, NY.: *The New York Times*. Recuperado el 9 de noviembre de 2016, de http://www.nytimes.com/es/2016/11/08/por-que-vote-por-trump/?rref=collection%2Fsectioncollection%2Farchive.

[xxvi]Sobre este asunto, debe leer las siguientes referencias: (1) Israel Rodríguez Sánchez. **Mal visto el nombramiento de derrotados a juntas y agencias del gobierno**. (2012). Guaynabo, Puerto Rico.: *El Nuevo Día*. [Versión electrónica]; (2) **Todo en familia: las dinastías políticas de América Latina**. (2011). Londres, Reino Unido.: *British Broadcasting Corporation (BBC)*. Recuperado el 30 de diciembre de 2011, de http://news.bbc.co.uk/hi/spanish/news/; (3) Agustín Criollo Oquero. **Esposa del Presidente de la UPR obtuvo beca presidencial**. (2016). San Juan, Puerto Rico.: *Noticel*. Información consultada el 30 de octubre de 2016, de http://www.noticel.com/noticia/187026/esposa-del-presidente-de-la-upr-obtuvo-beca-presidencial-documentos.html; (4) Vila-Biaggi, I. (2015). **El portón de atrás**. San Juan, Puerto Rico.: *Noticel*. Información consultada el 29 de diciembre de 2015, de http://www.noticel.com/blog/184061/el-porton-de-atras.html; (5) Mariana Cobián. **Federales arrestan a Anaudi Hernández por corrupción**. (2015). Guaynabo, Puerto Rico.: *El Nuevo Día*. Consultado el 30 de diciembre de 2015, de http://www.elnuevodia.com/noticias/seguridad/nota/federalesarrestanaa naudihernandezporcorrupcion-2134360/; (6) **La megaoperación contra la corrupción en la que cayeron decenas de españoles**.

(2014). Londres, Reino Unido.: *British Broadcasting Corporation (BBC)*. [Versión electrónica: http://www.bbc.co.uk/mundo/noticias/2014/10/141027_operacion_corru pcion_granados_espana_fp.shtml]; (7) Alex David. **Jugosos contratos se comen presupuesto en Santa Isabel**. (2006). Guaynabo, Puerto Rico: *Primera Hora*. Recuperado el 10 de agosto de 2006, de http://www.primerahora.com/.

xxviiSánchez, M.A. (2014). **Un abanico de nuevos partidos desafía cuatro décadas de bipartidismo**. Madrid, España: *El País*. Consultado el 31 de diciembre de 2014, de http://internacional.elpais.com/internacional/2014/12/30/actualidad/141 9970832_712812.html. También debe leer: Eva Laureano & Laura M. Quintero. **Recaudador popular creó compañías cerca de elecciones y rápido obtuvo contratos**. (2015). San Juan, Puerto Rico.: Noticel. Información consultada el 29 de junio de 2015, de http://www.noticel.com/noticia/171279/recaudador-popular-creo-companias-cerca-de-elecciones-y-rapido-obtuvo-contratos.html.

xxviiiJesús Ceberio. **El reino de la corrupción**. (2014). Madrid, España: *El País*. Consultado el 30 de diciembre de 2014, de http://elpais.com/elpais/2014/12/03/opinion/1417622382_359864.html.

xxixEduardo Galeano, según citado en: Stella Calloni. **Eduardo Galeano: los inmoribles**. (2015). San Juan, Puerto Rico.: *Noticel*. Información consultada el 29 de abril de 2015, de http://www.noticel.com/blog/174585/eduardo-galeano-los-inmoribles.html.

xxxRodríguez-Cotto, S.D. (2016). **Debates políticos: Maripily vs. El Guitarreño**. San Juan, Puerto Rico.: *Noticel*. Información consultada el 29 de mayo de 2016, de http://www.noticel.com/blog/190289/debates-politicos-maripily-vs-el-guitarreno.html.

xxxiVila-Biaggi, I. (2015). **El portón de atrás**. San Juan, Puerto Rico.: *Noticel*. Consultado el 2 de enero de 2016, de http://www.noticel.com/blog/184061/el-porton-de-atras.html.

xxxiiDr. Óscar Arias, premio Nobel de la Paz, en: Arias, O. (2015). **Violencia, corrupción y populismo: realidades de América Latina**. Madrid, España: *El País*. Consultado el 3 de mayo de 2016, de http://internacional.elpais.com/internacional/2015/04/16/actualidad/142 9191432_588023.html.

xxxiiiSigfredo Rodríguez. **Cleptocracia**. (2015). Guaynabo, Puerto Rico.: *El Nuevo Día*. Recuperado el 30 de junio de 2015, de

http://www.elnuevodia.com/opinion/columnas/cleptocracia-columna-2064038/.

xxxivSchopenhauer, A. (2007). **El arte de insultar**. Madrid, España: *Editorial EDAF*, pág.109. También debe leer: **Optimistas contra viento y marea**. (2011). Bogotá, República de Colombia: *El Espectador*. Información consultada el 11 de diciembre de 2014, de http://www.elespectador.com/noticias/actualidad/optimistas-contra-viento-y-marea-articulo-304724.

xxxvCarmen Dolores Hernández. **Cultivar un futuro solidario**. (2015). Guaynabo, Puerto Rico.: *El Nuevo Día*. Consultado el 30 de diciembre de 2015, de http://www.elnuevodia.com/opinion/columnas/cultivarunfuturosolidario-columna-2103636/. También debe leer: British Broadcasting Corporation. (2016). **Renuncia el primer ministro de Islandia, la primera gran víctima de los Panamá Papers**. Londres, Reino Unido: *BBC Mundo*. Consultado el 9 de abril de 2016, de http://www.bbc.com/mundo/noticias/2016/04/160405_panama_papers_papeles_primer_minitro_islandia_gunnlaugsson_renuncia_mr.

xxxviSegún Nicolás José Isola, filósofo y doctor en Ciencias Sociales, en: Nicolás José Isola. **Argentina retrocede**. (2015). Madrid, España: *El País*. Consultado el 30 de diciembre de 2015, de http://www.elpais.com/.

xxxviiSegún el maestro José Saramago, premio Nobel, en: Bonilla, J. (2000). **José Saramago: Los centros comerciales son hoy como la caverna de Platón**. España, Unión Europea: *El Cultural*. Información consultada el 18 de agosto de 2014, de http://www.elcultural.es/revista/letras/Jose-Saramago/2888. También debe leer: Torres-Gotay, B. (2015). **Mercado de esperanzas**. Guaynabo, Puerto Rico.: *El Nuevo Día*. Consultado el 30 de noviembre de 2015, de http://blogs.elnuevodia.com/las-cosas-por-su-nombre/2015/11/01/mercado-de-esperanzas/.

xxxviiiVea el análisis del Dr. José A. Estévez Araújo, catedrático de Filosofía del Derecho en la Universidad de Barcelona, en: José A. Estévez Araújo. (2011). **El poder del sistema financiero sobre los estados**. España, Unión Europea: *Alba Sud*. Consultado el 23 de enero de 2015, de http://www.albasud.org/noticia/es/256/el-poder-del-sistema-financiero-sobre-los-estados.

xxxixDr. Víctor Manuel Toledo Manzur, profesor e investigador de la Universidad Nacional Autónoma de México, en: Toledo, V.M. (2015).

**México: ¿crisis nacional o crisis de civilización?** Ciudad de México, México.: *La Jornada*. Recuperado el 3 de mayo de 2016, de http://www.jornada.unam.mx/2015/08/04/opinion/016a1pol.

[xl]Jorge Mario Bergoglio, obispo de Roma, en: Ordaz, P. (2015). **El Papa urge a la política a liberarse del yugo del poder económico**. Madrid, España: *El País*. Consultado el 30 de junio de 2015, de http://internacional.elpais.com/internacional/2015/06/18/actualidad/143 4621095_820022.html.

[xli]Ramonet, I. (2015). **Democratizar la democracia**. San Juan, Puerto Rico.: *Noticel*. Información consultada el 29 de noviembre de 2015, de http://www.noticel.com/blog/182945/democratizar-la-democracia.html.

[xlii]**Pensamiento mágico**. (2016). Alemania, Unión Europea: *Definición*. Consultado el 9 de mayo de 2016, de http://definicion.de/pensamiento-magico/.

[xliii]Saramago, J. (2010). **José Saramago en sus palabras**. México, D.F.: *Editorial Alfaguara*, pág.431. {ISBN: 978-607-11-0677-3}. También debe leer las palabras del maestro Eduardo Galeano, premio Stig Dagerman y premio Casa de las Américas, en: Galeano, E. (1988). **El tigre azul y la tierra prometida**. Madrid, España: *El País*. Consultado el 1 de mayo de 2014, de http://elpais.com/diario/1988/10/13/espana/592700407_850215.html.

[xliv]Maeda, L. (2004). **La plutocracia, facción gobernante**. Durango, México: *El Siglo de Durango*. Consultado el 23 de noviembre de 2015, de http://www.elsiglodedurango.com.mx/noticia/55867.la-plutocracia-faccion-gobernante.html. También debe leer: Orellana, C. (2015) **¡Qué maravillosa es la plutocracia americana!** Nueva York, EUA. *Bard College*. Consultado el 23 de noviembre de 2015, de http://lavoz.bard.edu/articles/index.php?id=1203354.

[xlv]Dr. Henry Kissinger, según citado en: Aramayona, A. (2015). **Carta a Platón desde la caverna**. Madrid, España.: *El Huffington Post*. Consultad el 31 de enero de 2016, de http://www.huffingtonpost.es/antonio-aramayona/carta-a-platon-desde-la_b_7916598.html.

[xlvi]Diego Fonseca, escritor argentino, en: Fonseca, D. (2016). **Trump, el 'bad hombre', y el fin de Estados Unidos**. New York, NY.: *The New York Times*. Recuperado el 24 de octubre de 2016, de http://www.nytimes.com/es/2016/10/20/donald-trump-estados-unidos-bad-hombre-clinton-debate/.

[xlvii]Jorge Mario Bergoglio, obispo de Roma, en: Ordaz, P. (2015). **El Papa urge a la política a liberarse del yugo del poder económico**. Madrid, España: *El País*. Consultado el 3 de mayo de 2016, de http://internacional.elpais.com/internacional/2015/06/18/actualidad/143 4621095_820022.html.

[xlviii]Santana, W. (2014). **Cuando los políticos comprendan**. Tegucigalpa, Honduras: *El Heraldo*. Consultado el 30 de diciembre de 2015, de http://www.elheraldo.hn/opinion/614921-210/cuando-los-politicos-comprendan. También debe leer: Agustín Criollo Oquero. **Atrapado P.R. por la mala fama de una clase política del traqueteo**. (2016). San Juan, Puerto Rico.: *Noticel*. Información consultada el 2 de junio de 2016, de http://www.noticel.com/noticia/189877/atrapado-pr-por-la-mala-fama-de-una-clase-politica-del-traqueteo.html.

[xlix]José Saramago, premio Nobel de Literatura, en: Avilés, K. & Jiménez, A. (2004). **Ante la justicia corrupta, queda un arma: la desobediencia civil, afirma Saramago**. Ciudad de México, México.: *La Jornada*. Recuperado el 30 de julio de 2015, de http://www.jornada.unam.mx/2004/02/12/012n1pol.php?printver=1&fly=2.

[l]Santori, F. (2016). **Sociedad enferma**. Guaynabo, Puerto Rico.: *El Nuevo Día*. Consultado el 30 de marzo de 2016, de http://blogs.elnuevodia.com/pasaporte-boricua/2016/03/14/sociedad-enferma/.

[li]Rivera, M. (2016). **Crisis global: Actores, procesos, consecuencias e impacto en la salud pública**. San Juan, Puerto Rico*: Revista 80grados*. Consultado el 29 de mayo de 2016, de http://www.80grados.net/crisis-global-actores-procesos-consecuencias-e-impacto-en-la-salud-publica/.

[lii]Sigman, H. (2014). **Thomas Piketty, Freud y Argentina**. Madrid, España: *El País*. Consultado el 3 de mayo de 2015, de http://elpais.com/elpais/2014/06/26/opinion/1403781991_975309.html.

[liii]Vea las ideas de Serge Latouche, economista y escritor, en: Elola, J. (2013). **Hay que trabajar menos horas para trabajar todos**. Madrid, España*: El País*. Consultado el 30 de julio de 2016, de http://internacional.elpais.com/internacional/2013/08/15/actualidad/137 6575866_220660.html.

[liv]Vea el análisis del Dr. José Saramago, premio Nobel de Literatura y doctor *honoris causa* de la Universidad Nacional de Buenos Aires, en: Abdala, V. (2003). **Vivimos en una plutocracia, un gobierno de los**

**ricos**. Argentina, Latinoamérica.: *Página 12*. Información consultada el 22 de diciembre de 2013, de http://www.pagina12.com.ar/diario/cultura/7-19725-2003-05-06.html.
[iv]Vea el análisis de Richard J. Roberts, premio Nobel de Medicina, en: **Nobel de medicina: Curar enfermedades no es rentable para las farmacéuticas**. (2013). Moscú, Rusia.: *Russia Today*. Consultado el 1 de mayo de 2014, de http://actualidad.rt.com/.
[vi]Torres-Gotay, B. (2015). **Mercado de esperanzas**. Guaynabo, Puerto Rico.: *El Nuevo Día*. Consultado el 30 de noviembre de 2015, de http://blogs.elnuevodia.com/las-cosas-por-su-nombre/2015/11/01/mercado-de-esperanzas/.
[vii]Vea el análisis de Jorge Mario Bergoglio, líder religioso, en: **El legado del papa Francisco, cerca de la gente**. (2013). México, Latinoamérica.: *CNN México*. Información consultada el 27 de diciembre de 2015, de http://mexico.cnn.com/videos/2013/06/02/el-legado-del-papa-francisco-cerca-de-la-gente. También debes leer: Cole, M. (2016). **Por qué estudiar por amor al conocimiento cuando todo el mundo lo hace por dinero**. Nueva York, EUA: *Vice Media LLC*. Consultado el 10 de noviembre de 2016, de http://www.vice.com/es/read/estudiar-por-amor-al-conocimiento.
[viii]Vea el análisis de Arundhati Roy, premio Man Booker, en: Nayar, V.M. (2016). **Arundhati Roy: El capitalismo fracasará como el comunismo**. Madrid, España: *El País*. Consultado el 3 de febrero de 2016, de http://cultura.elpais.com/cultura/2016/01/19/babelia/1453206225_795603.html.
[lix]Ignacio Sotelo. **La tercera fase del capitalismo**. (2014). Madrid, España: *El País*. Consultado el 30 de diciembre de 2014, de http://elpais.com/elpais/2014/02/21/opinion/1392988034_229568.html.También debe leer: Guillamó, M. (2016). **El Contrato Social de Rousseau y la Historia de mi bisabuelo**. España, Unión Europea.: *Diario Octubre*. Consultada el 30 de abril de 2016, de https://diario-octubre.com/?p=46237.
[lx]**Antología de la estupidez**. (2011). España, Unión Europea: *El Cultural*. Información consultada el 18 de agosto de 2014, de http://www.elcultural.es/noticias/letras/Antologia-de-la-estupidez/2486. También debe leer: British Broadcasting Corporation. (2015). **Las formas más absurdas de morir por hacerse un selfie en situaciones extremas**. Londres, Reino Unido: *BBC*. Consultado el 30

de diciembre de 2015, de
http://www.bbc.com/mundo/noticias/2015/10/151005_selfies_peligrosos
_muertes_jm.

[lxi]Ginés, A. (2014). **Cuentos capitalistas de ilusión y miedo**. España, Unión Europea.: *Diario Octubre*. Consultado el 31 de octubre de 2014, de http://www.diario-octubre.com/.

[lxii]Cuartango, P.G. (2016). **Un espejismo llamado Trump**. Madrid, España.: *El Mundo*. Consultado el 12 de noviembre de 2016, de http://www.elmundo.es/opinion/2016/11/12/58260976e2704e12608b45 87.html. También debe leer: **Recuerda a los deportistas que han llegado a la política**. (2015). México, Latinoamérica: *Informador*. Consultado el 11 de noviembre de 2016, de http://www.informador.com.mx/deportes/2015/572216/6/recuerda-a-los-deportistas-que-han-llegado-a-la-politica.htm.

[lxiii]Pablo Jiménez Rojas, doctor en ministerio por el Columbia Theological Seminary, en: Jiménez, P. (2016). **Los "hijos" de Roselló**. Guaynabo, Puerto Rico.: *El Nuevo Día*. Consultado el 30 de marzo de 2016, de http://blogs.elnuevodia.com/vicios-virtudes-valores/2016/02/17/los-hijos-de-rosello/.

[lxiv]Lea las palabras del profesor Emilio Lledó, filósofo español, según citadas en: Alberto Gordo. **Emilio Lledó: La ignorancia es la enfermedad de nuestro tiempo**. (2014). España, Unión Europea: *El Cultural*. Información consultada el 18 de agosto de 2014, de http://www.elcultural.es/noticias/letras/Emilio-Lledo-La-ignorancia-es-la-enfermedad-de-nuestro-tiempo/7166. También debe leer: British Broadcasting Corporation. (2016). **Renuncia el primer ministro de Islandia, la primera gran víctima de los Panamá Papers**. Londres, Reino Unido: *BBC Mundo*. Consultado el 9 de abril de 2016, de http://www.bbc.com/mundo/noticias/2016/04/160405_panama_papers_papeles_primer_minitro_islandia_gunnlaugsson_renuncia_mr.

[lxv]**El 'New York Times' recopila todos los insultos de Trump en una lista**. (2016). Madrid, España.: *El Huffington Post*. Información consultada el 24 de octubre de 2016, de http://www.huffingtonpost.es/2016/10/24/trump-insultos-times_n_12625040.html.

[lxvi]Cervera, J. (2016). **La derecha troll que respalda a Donald Trump en Internet**. España, Unión Europea: *El Diario*. Consultado el 1 de noviembre de 2016, de http://www.eldiario.es/cultura/fenomenos/Alt-Right-derecha-respalda-Donald-Trump_0_555394463.html.

[lxvii]Ginés, A.B. (2015). **Tontos de los cojones, tontas del culo y tontos útiles**. España, Unión Europea.: *Diario Octubre*. Información consultada el 31 de diciembre de 2015, de http://www.diario-octubre.com/2015/04/13/tontos-de-los-cojones-tontas-del-culo-y-tontos-utiles-politicamente-hablando/. También debe leer: Cervera, J. (2016). **La derecha troll que respalda a Donald Trump en Internet**. España, Unión Europea: *El Diario*. Consultado el 1 de noviembre de 2016, de http://www.eldiario.es/cultura/fenomenos/Alt-Right-derecha-respalda-Donald-Trump_0_555394463.html.

[lxviii]Eduardo Lalo, premio Rómulo Gallegos, en: Lalo, E. (2016). **La práctica de la ignorancia**. Guaynabo, Puerto Rico.: *El Nuevo Día*. Consultado el 11 de noviembre de 2016, de http://www.elnuevodia.com/opinion/columnas/lapracticadelaignorancia-columna-2258993/.

[lxix]Dr. José Luis Sampedro, escritor y economista español, según citado en: García, E. (2015). **José Luis Sampedro: Sin libertad lo que vivo no es mi vida**. Madrid, España: *El País*. Consultado el 8 de abril de 2016, de http://cultura.elpais.com/cultura/2015/09/30/babelia/1443612731_086833.html.

[lxx]Molina, C.A. (2010). **La cultura sin cultura**. Madrid, España: *El País*. Consultado el 3 de mayo de 2015, de http://elpais.com/diario/2010/11/25/opinion/1290639612_850215.html.

[lxxi]Thomas Friedman, según citado en: Basterra, F.G. (2016). **Descifrando a Trump**. Madrid, España: *El País*. Consultado el 30 de marzo de 2016, de http://internacional.elpais.com/internacional/2016/03/11/actualidad/1457705842_749027.html.

[lxxii]Cuartango, P.G. (2016). **Un espejismo llamado Trump**. Madrid, España.: *El Mundo*. Consultado el 12 de noviembre de 2016, de http://www.elmundo.es/opinion/2016/11/12/58260976e2704e12608b4587.html.

[lxxiii]Armando B. Ginés. **Libertad de expresión y libertad de pensamiento**. (2014). España, Unión Europea.: *Diario Octubre*. Consultado el 1 de diciembre de 2015, de http://www.diario-octubre.com/2014/04/02/libertad-de-expresion-y-libertad-de-pensamiento/.

[lxxiv]César Antonio Molina, profesor de la Universidad Carlos III, en: Molina, C.A. (2016). **Volver a la escuela de la vida**. Madrid, España:

*El País*. Consultado el 17 de noviembre de 2016, de http://elpais.com/elpais/2016/10/01/opinion/1475352330_453840.html.

[lxxv]Molina, C.A. (2010). **La cultura sin cultura**. Madrid, España: *El País*. Consultado el 3 de mayo de 2015, de http://elpais.com/diario/2010/11/25/opinion/1290639612_850215.html.

[lxxvi]Puntí, J. (2015). **Filósofos y soldadores**. Barcelona, España.: *El Periódico de Catalunya*. Consultado el 20 de diciembre de 2015, de http://www.elperiodico.com/es/noticias/opinion/jordi-punti-filosofos-soldadores-columna-4670009.

[lxxvii]Mario Vargas Llosa, premio Nobel de Literatura, según citado en: Díaz, F. (2016). **Mario Vargas Llosa: El poder siempre intenta poner el periodismo a su servicio**. España, Unión Europea: *El Cultural*. Información consultada el 30 de marzo de 2016, de http://www.elcultural.com/noticias/letras/El-poder-dictatorial-o-democratico-siempre-intenta-poner-el-periodismo-a-su-servicio/8999.

[lxxviii]Schopenhauer, A. (2007). **El arte de insultar**. Madrid, España: *Editorial EDAF*, pág.262.

[lxxix]Albino, N. (2016). **La ineptocracia que gobierna Puerto Rico no resolverá la crisis**. *PanAm Post*. Consultado el 22 de marzo de 2016, de http://es.panampost.com/nelson-albino/2016/03/17/la-ineptocracia-que-gobierna-puerto-rico-no-resolvera-la-crisis/.

[lxxx]Pablo Jiménez Rojas, doctor en ministerio por el Columbia Theological Seminary, en: Jiménez, P. (2016). **Los "hijos" de Roselló**. Guaynabo, Puerto Rico.: *El Nuevo Día*. Consultado el 30 de marzo de 2016, de http://blogs.elnuevodia.com/vicios-virtudes-valores/2016/02/17/los-hijos-de-rosello/.

[lxxxi]Cortina, A. (2016). **El pensamiento es una energía cara**. Madrid, España: *El País*. Consultado el 12 de julio de 2016, de http://elpais.com/elpais/2016/07/11/opinion/1468234019_718235.html.

[lxxxii]Casado, S. (2016) **¿Estamos condenados a buscar entretenimiento?** Madrid, España.: *El Huffington Post*. Información consultada el 23 de junio de 2016, de http://www.huffingtonpost.es/salvador-casado/estamos-condenados-a-busc_b_10242300.html?utm_hp_ref=spain.

[lxxxiii]Gómez, J.A. (2014) **¿El ocaso de Kant y Nietzsche?** Madrid, España.: *El Mundo*. Consultado el 29 de diciembre de 2014, de http://www.elmundo.es/cultura/2014/11/19/546b8cc722601d74578b457 6.html.También debe leer: Ocaña, J. (2013). **Dudar, pensar, tal vez vivir**. Madrid, España: *El País*. Consultado el 30 de diciembre de 2015,

de
http://cultura.elpais.com/cultura/2013/06/20/actualidad/1371744828_68
2850.html.

[lxxxiv]Fernando Savater. (2014). **Terra mítica**. Madrid, España.: *El País*.
Consultado el 30 de diciembre de 2014, de
http://cultura.elpais.com/cultura/2014/03/31/actualidad/1396294123_33
8499.html.

[lxxxv]**La Plutocracia: el control del Estado por el dinero**. (2000).
Argentina, Latinoamérica.: *La Editorial Virtual*. Información consultada
el 23 de septiembre de 2013, de
http://www.laeditorialvirtual.com.ar/Pages/Martos_LaPlutocracia.htm.

[lxxxvi]**Definición de plutocracia**. (2008). Alemania, Unión Europea:
*Definición*. Información consultada el 23 de septiembre de 2013, de
http://definicion.de/plutocracia/#ixzz2dqiagprT. También debe leer: **La
Plutocracia: el control del Estado por el dinero**. (2000). Argentina,
Latinoamérica.: *La Editorial Virtual*. Información consultada el 23 de
septiembre de 2013, de
http://www.laeditorialvirtual.com.ar/Pages/Martos_LaPlutocracia.htm.

[lxxxvii]Noam Chomsky, según citado en: Fernández, E. (2016). **Los
actores del orden contemporáneo**. España, Unión Europea: *El
Periódico de Aragón*. Consultado el 22 de agosto de 2016, de
http://www.elperiodicodearagon.com/noticias/opinion/actores-orden-
contemporaneo_1130257.html.

[lxxxviii]Hernández, G. (2014). **La plutocracia: cómo el gobierno pasó a
manos de los ricos**. Texas, Estados Unidos: *Revista Política Crítica*.
Consultado el 23 de octubre de 2015, de
http://politicacritica.com/2014/06/16/la-plutocracia-como-el-gobierno-
paso-a-manos-de-los-ricos/.

[lxxxix]Vea el análisis de Paul Krugman, premio Nobel de Economía,
según citado en: Bassets, M. (2014). **La desigualdad pone en peligro
el sueño americano**. Madrid, España*: El País.* Consultado el 21 de
julio de 2016, de
http://internacional.elpais.com/internacional/2014/05/23/actualidad/140
0870759_637068.html. También debe leer: British Broadcasting
Corporation. (2016). **Los multimillonarios que apoyan a Hillary
Clinton y Donald Trump en la campaña electoral de Estados
Unidos**. Londres, Reino Unido: *BBC Mundo*. Consultado el 29 de
octubre de 2016, de http://www.bbc.com/mundo/noticias-37001563.

[xc]Marty Jezer, escritor y periodista estadounidense, en: **La Plutocracia: el control del Estado por el dinero**. (2000). Argentina, Latinoamérica.: *La Editorial Virtual.* Información consultada el 23 de septiembre de 2013, de http://www.laeditorialvirtual.com.ar/Pages/Martos_LaPlutocracia.htm. También debe leer: **El sistema bipartidista de EE.UU. es una farsa e hipocresía.** (2012). Rusia, Moscú.: *TV-Novosti.* Consultado el 12 de noviembre de 2012, de http://actualidad.rt.com/.

[xci]José Saramago, premio Nobel de Literatura, en: **La alternativa al neoliberalismo es la conciencia: José Saramago**. (2016). México, Latinoamérica: *Regeneración.* Consultado el 7 de mayo de 2016, de http://regeneracion.mx/la-alternativa-es-la-conciencia/.

[xcii]Noam Chomsky, según citado en: Fernández, E. (2016). **Los actores del orden contemporáneo**. España, Unión Europea: *El Periódico de Aragón.* Consultado el 22 de agosto de 2016, de http://www.elperiodicodearagon.com/noticias/opinion/actores-orden-contemporaneo_1130257.html.

[xciii]Noam Chomsky, según citado en: Fernández, E. (2016). **Los actores del orden contemporáneo**. España, Unión Europea: *El Periódico de Aragón.* Consultado el 22 de agosto de 2016, de http://www.elperiodicodearagon.com/noticias/opinion/actores-orden-contemporaneo_1130257.html.

[xciv]**José Saramago, el melancólico rebelde**. (2010). España, Unión Europea: *El Cultural.* Información consultada el 18 de agosto de 2014, de http://www.elcultural.es/noticias/letras/Jose-Saramago-el-melancolico-rebelde/642.

[xcv]Vea las palabras del Dr. Paul Krugman, premio Nobel de Economía, en: **Paul Krugman cuestionó duramente el accionar de los fondos buitre**. (2014). Argentina, Sudamérica: *Diario Registrado.* Consultado el 24 de diciembre de 2014, de http://www.diarioregistrado.com/economia/106659-paul-krugman-cuestiono-duramente-el-accionar-de-los-fondos-buitre.html.

[xcvi]Dr. José Luis Sampedro, escritor y economista español, en: Sánchez, L. (2011). **Somos naturaleza. Poner al dinero como bien supremo nos conduce a la catástrofe**. Madrid, España: *El País.* Consultado el 30 de diciembre de 2014, de http://elpais.com/diario/2011/06/12/eps/1307860014_850215.html.

[xcvii]Fuentes, C. (2003). **Maquiavelo, no te rajes**. Madrid, España: *El País.* Consultado el 30 de diciembre de 2015, de

http://elpais.com/diario/2003/06/15/opinion/1055628006_850215.html.
También debe leer: Cantero-Frau, R. (2016). **El guiso**. Guaynabo, Puerto Rico.: *El Nuevo Día*. Consultado el 30 de abril de 2016, de http://www.elnuevodia.com/opinion/columnas/elguiso-columna-2192042/.

[xcviii]Dr. Joseph E. Stiglitz, premio Nobel de Economía y catedrático de la Universidad de Columbia, en: Stiglitz, J.E. (2014). **La democracia del siglo XXI**. Madrid, España: *El País*. Consultado el 30 de enero de 2014, de http://economia.elpais.com/economia/2014/09/11/actualidad/14104453 69_707159.html.

[xcix]Arthur Schopenhauer. (1851). **Dolores del mundo**. Argentina, Latinoamérica: Filosofía Nueva. Información consultada el 23 de julio de 2014, de http://www.filosofianueva.com.ar/tx_schopenhauer_doloresdelmundo.ht m.

[c]**Arthur Schopenhauer**. (2011). Valencia, España.: *Proverbia*. Recuperado el 31 de octubre de 2011, de http://www.proverbia.net/.

[ci]Vea el análisis de Robert James Shiller, premio Nobel de Economía y profesor de la Universidad de Yale, en: Andy Robinson. (2014). **Shiller, burbujas y esquizofrenia en Davos**. Barcelona. España.: *La Vanguardia*. Información consultada el 12 de septiembre de 2014, de http://www.lavanguardia.com/.También debe leer: Mercedes Ruiz-Giménez & Seamus Jefferson. **La solidaridad como valor de la democracia europea**. (2014). Madrid, España: *El País*. Consultado el 30 de diciembre de 2014, de http://elpais.com/elpais/2014/05/09/planeta_futuro/1399631203_24894 5.html.

[cii]Dr. Joseph E. Stiglitz, premio Nobel de Economía y profesor en la Universidad de Columbia, en: Joseph E. Stiglitz. **La era de la vulnerabilidad**. (2014). Madrid, España.: *El País*. Consultado el 30 de diciembre de 2014, de http://economia.elpais.com/economia/2014/10/24/actualidad/14141640 66_235530.html.

[ciii]Torres, M. (2013). **Nuestro Sampedro**. Madrid, España: *El País*. Consultado el 30 de mayo de 2015, de http://elpais.com/elpais/2013/04/10/opinion/1365585910_067792.html.

[civ]Vea las palabras de Elizabeth Warren, doctora en jurisprudencia por la Universidad Rutgers y profesora de la Universidad de Harvard, en:

Marc Bassets. **La izquierda del partido demócrata desafía a Hillary Clinton**. (2014). Madrid, España: *El País*. Consultado el 30 de diciembre de 2014, de http://internacional.elpais.com/internacional/2014/12/29/actualidad/1419884381_954384.html. También debe leer los resultados de un análisis realizado por expertos de la Universidad de Princeton y de la Universidad Northwestern, en: **Estados Unidos, ¿democracia u oligarquía?** (2014). Londres, Reino Unido.: *British Broadcasting Corporation (BBC)*. Recuperado el 8 de mayo de 2015, de http://www.bbc.co.uk/mundo/.

[cv]Aramayona, A. (2015). **Carta a Platón desde la caverna**. Madrid, España.: *El Huffington Post*. Consultado el 6 de mayo de 2016, de http://www.huffingtonpost.es/antonio-aramayona/carta-a-platon-desde-la_b_7916598.html.

[cvi]Vea las palabras del filósofo italiano Norberto Bobbio, en: Mario Benedetti. (1990). **Hacia un estado de malestar**. Madrid, España: *El País*. Consultado el 30 de diciembre de 2014, de http://elpais.com/diario/1990/11/19/opinion/658969206_850215.html. También debe ver el análisis de Alejandro Jodorowsky, artista y escritor chileno, según citado en: **El sistema económico actual nos convierte en esclavos: Jodorowsky**. (2013). México, Latinoamérica.: *CNN México*. Información consultada el 27 de diciembre de 2014, de http://mexico.cnn.com/entretenimiento/2013/10/26/el-sistema-economico-actual-nos-convierte-en-esclavos-jodorowsky.

[cvii]Guadalupe, H. (2016). **Honra y dignidad**. Caguas, P.R.: *Metro*. Información consultada el 30 de abril de 2016, de http://www.metro.pr/blogs/columna-de-hiram-guadalupe-honra-y-dignidad/pGXpdy!EHDh8haTLHktk/.

[cviii]José Luis Sampedro, escritor español, según citado en: Javier Rodríguez. **El libro de la sabiduría de José Luis Sampedro**. (2015). Madrid, España: *El País*. Consultado el 30 de abril de 2015, de http://cultura.elpais.com/cultura/2015/03/29/actualidad/1427644965_634370.html.

[cix]Víctor Lapuente Giné, profesor de Ciencias Políticas de la Universidad de Gotemburgo, en: Lapuente, V. (2016) **¿Qué es la política?** Madrid, España: *El País*. Consultado el 3 de mayo de 2016, de http://elpais.com/elpais/2016/04/17/opinion/1460908839_095978.html.

cx Mendoza, M.G. & Napoli, V. (1990). **Introducción a las Ciencias Sociales**. Bogotá, Colombia. *Editorial Mcgraw-Hill,* pág.155. También debe ver el análisis de Alejandro Jodorowsky, artista y escritor chileno, según citado en: **El sistema económico actual nos convierte en esclavos: Jodorowsky**. (2013). México, Latinoamérica.: *CNN México.* Información consultada el 27 de diciembre de 2014, de http://mexico.cnn.com/entretenimiento/2013/10/26/el-sistema-economico-actual-nos-convierte-en-esclavos-jodorowsky.

cxiLea las palabras del Dr. Muhammad Yunus, premio Nobel de la Paz y doctor en economía, en: **Muhammad Yunus: Donde exista pobreza no puede haber paz**. (2014). Venezuela, Latinoamérica: *Editorial Notitarde, C.A.* Información recuperada, analizada y leída el 20 de diciembre de 2014, de http://www.notitarde.com/Desayuno-en-la-Redaccion/Muhammad-Yunus-Donde-exista-pobreza-no-puede-haber-paz-/2014/06/29/335470.

cxiiVea las palabras del Dr. Stephen Hawking, profesor de la Universidad de Cambridge, en: **Stephen Hawking, un genio en contacto directo con el cosmos**. (2005). Perú, Latinoamérica: *Diario La República.* Consultado el 3 de mayo de 2013, de http://www.larepublica.pe/27-03-2005/stephen-hawking-un-genio-en-contacto-directo-con-el-cosmos.

cxiiiFerrera, J. (2016). **La unión frente a los desafíos del país**. Tegucigalpa, Honduras: *El Heraldo.* Consultado el 13 de febrero de 2016, de http://www.elheraldo.hn/opinion/columnas/923060-469/la-uni%C3%B3n-frente-a-los-desaf%C3%ADos-del-pa%C3%ADs.

cxivVicent, M. (2013). **Escarnio**. Madrid, España: *El País.* Consultado el 30 de diciembre de 2015, de http://elpais.com/elpais/2013/06/29/opinion/1372530791_991080.html.

cxvToledo, V.M. (2015). **La democracia comienza en los territorios**. Ciudad de México, México.: *La Jornada.* Recuperado el 30 de abril de 2016, de http://www.jornada.unam.mx/2015/05/12/opinion/016a1pol.

cxviFrancesc de Carreras. (2016). **Los ideólogos de Podemos**. Madrid, España: *El País.* Consultado el 22 de junio de 2016, de http://politica.elpais.com/politica/2016/06/14/actualidad/1465920780_112333.html.

cxviiIgnacio Ramonet, director de Le Monde Diplomatique, en: Ramonet, I. (2015). **Democratizar la democracia**. San Juan, Puerto Rico.: *Noticel.* Consultado el 2 de mayo de 2016, de http://www.noticel.com/blog/182945/democratizar-la-democracia.html.

cxviiiLuis Ochoa Bilbao, coordinador de la Universidad Autónoma de Puebla, en: Mateos-Vega, M. (2011). **Cioran, un pensador crítico cuya obra refleja nuestra realidad**. Ciudad de México, México.: *La Jornada*. Recuperado el 30 de diciembre de 2015, de http://www.jornada.unam.mx/2011/01/12/cultura/a04n1cul.

cxixMartín, I. (2015). **Esencialismo y democracia**. Madrid, España: *El País*. Consultado el 2 de mayo de 2016, de http://ccaa.elpais.com/ccaa/2015/10/27/catalunya/1445972659_055897.html.

cxxGarzón-Fernández, I. (2016). **Catarsis**. Guaynabo, Puerto Rico.: *El Nuevo Día*. Consultado el 30 de abril de 2016, de http://www.elnuevodia.com/opinion/columnas/catarsis-columna-2184457/.

cxxiArmando B. Ginés. (2014). **Corrupción España S.A. "factura" al año casi el triple que El Corte Inglés y algo menos que Telefónica**. España, Unión Europea.: *Diario Octubre*. Información consultada el 31 de diciembre de 2015, de http://www.diario-octubre.com/2014/10/23/corrupcion-espana-s-a-factura-al-ano-casi-el-triple-que-el-corte-ingles-y-algo-menos-que-telefonica/.

cxxiiVea el análisis del Dr. José Saramago, premio Nobel de Literatura y doctor *honoris causa* de la Universidad Nacional de Buenos Aires, en: Abdala, V. (2003). **Vivimos en una plutocracia, un gobierno de los ricos**. Argentina, Latinoamérica.: *Página 12*. Información consultada el 22 de diciembre de 2013, de http://www.pagina12.com.ar/diario/cultura/7-19725-2003-05-06.html.

cxxiiiMárquez, D. (2015). **La moneda sucia del inversionismo político**. Caguas, Puerto Rico.: *Metro*. Información consultada el 25 de diciembre de 2015, de http://www.metro.pr/blogs/columna-de-denis-marquez-la-moneda-sucia-del-inversionismo-politico/pGXold!MnjGnvq8UoO1A/.

cxxivVea el análisis del Dr. Eugenio Trías, filósofo y premio Federico Nietzsche, en: Eugenio Trías. (2011). **Responsabilidades sociales**. España, Unión Europea: *Profesionales por la Ética*. Consultado el 23 de noviembre de 2014, de http://www.profesionalesetica.org/2011/11/eugenio-trias-en-abc-%C2%ABresponsabilidades-sociales%C2%BB/.

cxxvMarco Moreno, decano de la Facultad de Ciencia Política y Administración Pública de la Universidad Central, citado en: Urquieta, C. (2016). **Ya no hay onda: la desconexión del mundo político con**

**los electores llega a su peak**. Chile, Latinoamérica: *El Mostrador*.
Consultado el 14 de noviembre de 2016,
dehttp://www.elmostrador.cl/noticias/pais/2016/10/24/ya-no-hay-onda-
la-desconexion-del-mundo-politico-con-los-electores-llega-a-su-peak/.
[cxxvi]Albino, N. (2016). **La ineptocracia que gobierna Puerto Rico no
resolverá la crisis**. *PanAm Post*. Consultado el 22 de marzo de 2016,
de http://es.panampost.com/nelson-albino/2016/03/17/la-ineptocracia-
que-gobierna-puerto-rico-no-resolvera-la-crisis/.
[cxxvii]Pena, I. (2016). **10 frases de Frida Kahlo**. Madrid, España: *Muy
Historia*. Consultado el 22 de febrero de 2016, de
http://www.muyhistoria.es/contemporanea/articulo/10-frases-de-frida-
kahlo-para-conocer-su-figura-411453377202.
[cxxviii]Mario Vargas Llosa. (2013). **Chacas y el cielo**. Madrid, España*.: El
País*. Consultado el 3 de mayo de 2014, de http://www.elpais.com/.
También debe leer: Rosario, I. (2015). **Racionamiento de derechos
humanos**. Guaynabo, Puerto Rico.: *El Nuevo Día*. [Versión electrónica:
http://www.elnuevodia.com/opinion/columnas/racionamientodederec
hoshumanos-columna-2088150/].
[cxxix]De Carreras, F. (2016). **Campaña que no cesa**. Madrid, España*: El
País*. Consultado el 21 de junio de 2016, de
http://politica.elpais.com/politica/2016/05/03/actualidad/146229
1297_439122.html.
[cxxx]Eduardo Galeano, premio Stig Dagerman y premio Casa de las
Américas, en: Galeano, E. (1992). **Mea culpa**. Madrid, España: *El
País*. Consultado el 31 de octubre de 2015,
dehttp://elpais.com/diario/1992/06/13/opinion/708386403_850215.html.
[cxxxi]Sergio M. Marxuach. **La degradación del debate público**. (2014).
San Juan, Puerto Rico.: *Noticel*. Información consultada el 29 de
diciembre de 2014, de http://noticel.com/blog/167970/la-degradacion-
del-debate-publico.html.
[cxxxii]Sanders, B. (2016). **El modelo económico global está
fracasando**. New York, NY*.: The New York Times*. Recuperado el 29
de julio de 2016, de http://www.nytimes.com/es/
2016/07/01/bernie-sanders-el-modelo-economico-global-esta-
fracasando/. También debe leer las siguientes referencias: (a) **John
Paulson: el verdadero ganador detrás de la victoria de Trump**.
(2016). Caguas, P.R*.: Metro*. Consultada el 15 de noviembre de 2016,
de https://www.metro.pr/pr/noticias/mundo/2016/11/13/john-paulson-
ganador-detras-victoria-trump.html; **y** (2) Pramuk, J. (2016). **Trump**

**unveils economic policy team, includes John Paulson**. New York, EE. UU.: *CNBC*. Consultado el 11 de noviembre de 2016, de http://www.cnbc.com/2016/08/05/trump-unveils-economic-policy-team-includes-john-paulson.html.

[cxxxiii]Vea las ideas de Susan George, autora de *Los usurpadores. Cómo las empresas transnacionales toman el poder* (Icaria), en: Fanjul, S.C. (2015). **Antiglobalizadoras**. Madrid, España*: El País*. Consultado el 30 de diciembre de 2015, de http://ccaa.elpais.com/ccaa/2015/03/16/madrid/1426534468_143066.ht ml.

[cxxxiv]Vea los resultados de un estudio realizado por analistas de la Universidad de Princeton, en: **Un estudio concluye que EE.UU. ya no es una democracia**. (2015). Moscú, Rusia.: *Russia Today (RT)*. Información consultada el 30 de julio de 2015, de http://actualidad.rt.com/actualidad/173165-estudio-eeuu-democracia-alemania. También debe ver un análisis realizado por el Dr. Larry Lessig, doctor en jurisprudencia y profesor de la Universidad de Harvard, en: **Profesor de Harvard buscará candidatura presidencial demócrata**. (2015). Hato Pintado Panamá, República de Panamá: *Corprensa*. Consultado el 1 de mayo de 2016, de http://www.prensa.com/mundo/Harvard -candidatura-presidencial-democrata-EU_0_4297820352.html.

[cxxxv]Flórez, C. (2016). **La lucha contra la desfachatez**. Cartagena, Colombia: *El Universal*. Consultado el 30 de enero de 2016, de http://www.eluniversal.com.co/opinion/columna/la-lucha-contra-la-desfachatez-9862. También debe leer: Carey L. Biron. (2013). **EEUU busca frenar avalancha de dinero secreto en campañas políticas**. Montevideo, Uruguay*: IPS-Inter Press Service*. Consultado el 23 de diciembre de 2015, de http://www.ipsnoticias.net/2013/11/eeuu-busca-frenar-avalancha-de-dinero-secreto-en-campanas-politicas/.

[cxxxvi] Dr. Jeffrey Sachs, economista y profesor de la Universidad de Harvard, en: Castro, N. (2014). **Poder corporativo: la nueva plutocracia**. España, Unión Europea*: Diario Público*. Información consultada el 30 de octubre de 2015, de http://blogs.publico.es/numeros-rojos/2014/10/23/poder-corporativo-la-nueva-plutocracia/.

[cxxxvii]**Pensamiento mágico**. (2016). Alemania, Unión Europea*: Definición*. Consultado el 9 de mayo de 2016, de http://definicion.de/pensamiento-magico/.

[cxxxviii]Dr. Noam Chomsky, catedrático del Instituto Tecnológico de Massachusetts, en: **Chomsky: EE.UU. no se comporta para nada como una democracia: es una plutocracia**. (2013). Habana, Cuba: *Trabajadores*. Consultado el 23 de noviembre de 2015, de http://www.trabajadores.cu/temas/plutocracia/.

[cxxxix]**¿Se está convirtiendo EE.UU. en un Estado plutocrático?** (2015). Moscú, Rusia: *Russia Today (RT)*. Consultada el 11 de noviembre de 2016, de https://actualidad.rt.com/actualidad/170021-eeuu-politica-plutocracia-gobierno. También debe leer las siguientes referencias: (a) **John Paulson: el verdadero ganador detrás de la victoria de Trump**. (2016). Caguas, P.R.: *Metro*. Información consultada el 14 de noviembre de 2016, de https://www.metro.pr/pr/noticias/mundo/2016/11/13/john-paulson-ganador-detras-victoria-trump.html; y (b) Pramuk, J. (2016). **Trump unveils economic policy team, includes John Paulson**. New York, EE. UU.: *CNBC*. Consultado el 14 de noviembre de 2016, de http://www.cnbc.com/2016/08/05/trump-unveils-economic-policy-team-includes-john-paulson.html.

[cxl]Paul Krugman, profesor de Economía de Princeton y premio Nobel de Economía, en: Krugman, P. (2013). **La recuperación de los ricos**. Madrid, España: *El País*. Consultado el 30 de mayo de 2014, de http://economia.elpais.com/economia/2013/09/13/actualidad/13790851 65_919877.html. También debe leer: Carey L. Biron. (2013). **EEUU busca frenar avalancha de dinero secreto en campañas políticas**. Montevideo, Uruguay: *IPS-Inter Press Service*. Consultado el 23 de diciembre de 2015, de http://www.ipsnoticias.net/2013/11/eeuu-busca-frenar-avalancha-de-dinero-secreto-en-campanas-politicas/.

[cxli]Dr. Joseph E. Stiglitz, premio Nobel de Economía y catedrático de la Universidad de Columbia, en: Stiglitz, J.E. (2016). **Del 'Brexit' al futuro**. Madrid, España: *El País*. Consultado el 30 de julio de 2016, de http://economia.elpais.com/economia/2016/07/14/actualidad/14684933 71_676457.html.

[cxlii]Das, A. & Timiraos, N. (2016). **Donald Trump's Financial Advisory Team Stocked With Wall Streeters**. Nueva York, EEUU.: *The Wall Street Journal*. Información consultada el 14 de noviembre de 2016, de http://www.wsj.com/articles/donald-trumps-financial-advisory-team-stocked-with-wall-streeters-1478730578.

[cxliii]Dr. Paul Krugman, premio Nobel de Economía, en: Krugman, P. (2016). **Aprender de Obama**. Madrid, España: *El País*. Consultado el

8 de abril de 2016, de
http://economia.elpais.com/economia/2016/04/01/actualidad/14595255
09_296062.html. También debe leer: Pramuk, J. (2016). **Trump unveils economic policy team, includes John Paulson**. New York, EE. UU.: *CNBC.* Consultado el 11 de noviembre de 2016, de http://www.cnbc.com/2016/08/05/trump-unveils-economic-policy-team-includes-john-paulson.html.

[cxliv]Sergio M. Marxuach. **La degradación del debate público**. (2014). San Juan, Puerto Rico.: *Noticel.* Información consultada el 29 de diciembre de 2014, de http://noticel.com/blog/167970/la-degradacion-del-debate-publico.html. También debe leer: Vázquez-Torres, J. (2016). **Boricuas molestos con los políticos prefieren la playa a votar**. Guaynabo, Puerto Rico.: *Primera Hora.* Consultado el 30 de junio de 2016, de http://www.primerahora.com/noticias/gobierno-politica/nota/boricuasmolestosconlospoliticosprefierenlaplayaavotar-1157301/.

[cxlv]Vea el análisis realizado por Michael Ignatieff, catedrático de la Universidad de Harvard, en: Ana Carbajosa. **Los populistas ofrecen soluciones falsas a problemas reales**. (2014). Madrid, España.: *El País*. Consultado el 3 de mayo de 2016, de http://inte rnacional.elpais.com/internacional/2014/06/10/actualidad/1402412024_548929.html.

[cxlvi]Mario Vargas Llosa. (2012). **La civilización del espectáculo**. México, D.F.: *Editorial Alfaguara*, pág.133. También debe leer: Vázquez-Torres, J. (2016). **Boricuas molestos con los políticos prefieren la playa a votar**. Guaynabo, Puerto Rico.: *Primera Hora.* Consultado el 30 de junio de 2016, de http://www.primerahora.com/noticias/gobierno-politica/nota/boricuasmolestosconlospoliticosprefierenlaplayaavotar-1157301/.

[cxlvii]Victor Lapuente Giné, profesor de la Universidad de Gotemburgo, en: Lapuente, V. (2016) **¿Qué es la política?** Madrid, España: *El País.* Consultado el 3 de mayo de 2016, de http://elpais.com/elpais/2016/04/17/opinion/1460908839_095978.html.

[cxlviii]Domingo Emanuelli, doctor en jurisprudencia, en: Ricardo Cortés Chico. **La jugarreta de los empleos**. (2015). Guaynabo, Puerto Rico.: *El Nuevo Día.* [Versión electrónica: http://www.elnuevodia.com/noticias/politica/nota/lajugarretadelosemple os-2037016/].

[cxlix]Tarso Genro, político brasileño, en: Elola, J. (2013). **Hay que crear nuevas formas de participación directa**. Madrid, España: *El País*. Consultado el 3 de mayo de 2015, de http://internacional.elpais.com/internacional/2013/08/07/actualidad/137 5887555_570806.html.

[cl]Alvarado, A. (2015). **El diálogo social**. Tegucigalpa, Honduras: *El Heraldo*. Consultado el 3 de junio de 2016, de http://www.elheraldo.hn/opinion/862025-368/el-di%C3%A1logo-social.

[cli]Vea las palabras del Dr. Paul Krugman, Premio Nobel de Economía y catedrático de la Universidad de Princeton, en: Paul Krugman. **El conocimiento no es poder**. (2014). Madrid, España.: *El País*. Consultado el 30 de septiembre de 2014, de http://economia.elpais.com/economia/2014/08/01/actualidad/14069071 50_403479.html.

[clii]Fonseca, J. (2015). **Si esto no te da asco, múdate**. Guaynabo, Puerto Rico.: *Primera Hora*. Consultado el 8 de julio de 2016, de http://www.primerahora.com/noticias/puerto-rico/columna/jay-fonseca/columnas/siestonotedaascomudate-1126294/.

[cliii]Ramoneda, J. (2016). **El espantajo populista**. Madrid, España: *El País*. Consultado el 15 de noviembre de 2016, de http://ccaa.elpais.com/ccaa/2016/11/04/catalunya/1478282687_775698 .html.

[cliv]Enrique Krauze, director de la revista Letras libres, en: Krauze, E. (2016). **El cisma que creó Trump**. Madrid, España: *El País*. Consultado el 12 de noviembre de 2016, de http://elpais.com/elpais/2016/11/04/opinion/1478284786_081392.html.

[clv]Dr. Noam Chomsky, catedrático del Instituto Tecnológico de Massachusetts, en: **Chomsky: EEUU es un Estado unipartidista, del partido de los negocios**. (2013). Perú, Latinoamérica: *Radio Programas del Perú (RPP)*. Consultado el 23 de octubre de 2015, de http://rpp.pe/lima/actualidad/chomsky-eeuu-es-un-estado-unipartidista-del-partido-de-los-negocios-noticia-638015. También debe leer el análisis del Dr. Noam Chomsky, profesor emérito del Massachusetts Institute of Technology (MIT), en: **Malestar social amenaza la democracia: Chomsky**. Ciudad de México, México.: *La Jornada*. Recuperado el 30 de septiembre de 2016, de http://www.jornada.unam.mx/ultimas/2016/09/16/malestar-social-amenaza-la-democracia-chomsky.

[clvi]Vea las ideas de George A. Akerlof, premio Nobel de Economía, y Robert J. Shiller, premio de Nobel de Economía, en: **Dos premios Nobel de Economía destapan las trampas del mercado**. (2016). Madrid, España.: *El Economista*. Consultado el 18 de agosto de 2016, de http://www.eleconomista.es/mercados-cotizaciones/noticias/7435880/03/16/Dos-premios-Nobel-de-Economia-destapan-las-trampas-del-mercado.html.
[clvii]Mainer, J.C. (2016). **Lima: años noventa**. Madrid, España: *El País*. Consultado el 28 de agosto de 2016, de http://cultura.elpais.com/cultura/2016/03/04/babelia/1457103830_325219.html.

www.ingramcontent.com/pod-product-compliance
Lightning Source LLC
Chambersburg PA
CBHW021430170526
45164CB00001B/171